気学が導く
開運パワースポット

野村徳子

JN097076

弘文出版

はじめに

本書は散歩や旅行を楽しみながら、同時に運を開くことを目標とした気学（方位術）の案内書です。

暦を用いて自分にとっての吉方位を知り、実際にその方位に移動（散歩や旅行）することによって、ツキを呼び込み、望む結果を手に入れるのです。

用いた方位効果によって、自分自身がパワーアップされて、本来もっていた長所が大きく花開けば、自己実現の道も見えてくるはずです。さらに吉方位現象として、思いがけないチャンスにも恵まれるようになるでしょう。

暦は、その昔、仏教の伝来と共に中国から朝鮮半島を経て日本に伝えられて以来、わが国で長い年月をかけて練り上げられてきた知恵の宝庫です。

暦の活用ということでは、平安時代に活躍した陰陽師《おんみょうじ》・安倍晴明《あべのせいめい》はもちろんのこと、江戸幕府初代将軍・徳川家康も、存分にその恩恵に浴した人物として知られています。

こうした暦の伝統は、現代の気学や九星術にもつながっています。

ただ、こうした方術は近年に至るまで、一部の権力者や資産家といわれる人たちによって、ほとんど独占的に用いられてきました。

なぜなら、気学による開運法を実行するためには、ある程度の資金が必要であり、さらに転居時期についての約束事など、日常生活に及ぼす煩雑な縛りが多すぎたからです。

そのため、こうしたことは一般生活者の手には届きにくく、扱いにくいものだったのです。


暦という宝を誰もが無理なく、もっとシンプルに使うことはできないものか。

本書は、わたしの長年のそうした思いから生まれました。

本書を片手に、ひとりでも多くの方が散歩や旅を楽しみながら自己実現を果たし、さらに暦、占いの世界の不思議ともいえる魅力を感じていただけたなら、著者として、こんなにうれしいことはありません。

野村徳子

目次

気学が導く開運パワースポット

カバー写真　須貝　進
本文写真　野村隆子

参考図書
『日本の俗信』
井之口章次著　弘文堂

本書に掲載された社寺などパワースポットに関する情報は取材当時のものです。お出かけの際には、最新の情報をご確認ください。

序章——
気学をカジュアルに楽しむ

人と「占い」との切っても切れない関係

洋の東西を問わず、太古から現在に至るまで、人類のいるところには必ずといってよいほど「占い」が存在しています。

占いといっても、それは非常に多岐にわたっていて、気象や動植物などの自然現象からなんらかの予兆を読みとったり、あるいは道具を用いて、同様に物事の吉凶や予兆を読みとり、判断しよう、というものまであります。

たとえば、わたしは子供のころから、こんなことを時々聞くことがありました。


「茶柱が立つといいことがある」

「ヘビの夢を見るとお金が入る」

「ナマズが騒ぐと地震がある」

「雪の明日《あした》は晴天」

「歯が抜ける夢を見ると悪いことがある」

「庭にビワやザクロの木を植えると、病人のうめき声を聞く」……などなど。これに近いことは、皆さまも、きっといろいろ聞かれたことがあるでしょう。

あるいは、「別《わか》れ作《ざく》」といって、作物が異常に豊作になると家族の誰かが亡くなる、などという話――。こうした伝承も、広い意味では、最も原初的な占いの範ちゅうに入るでしょう。

占いとは、要するになんらかの「しるし」を手がかりとして、未来の出来事や、過去や現在の隠された事実を知ろうとする方術（方法）です。それは、ある意味では呪術的、宗教的な要素をもった行為です。

それを、わたしたち人類は、大昔からずっとつづけてきたのです。

しかし、占い自体は歴史の表舞台にでてくることは、あまりありませんでした。その理由は、占いといわれるものが、いまだ科学では解明されない不可思議な領域のものだからでしょう。

それでも、占いは人類史上、時には政治と深く結びつき、時には狩猟、漁労、農耕など実際の人間生活と結びつき、はたまた生活を楽しむ人々の遊戯的感覚と結びつきながら、たくましく生きつづけてきました。何よりも、日本の占いの基本である「暦」からは、民衆の歴史が感じられます。

占いは、未来を予測するものであり、物事の取捨選択をする場合の指針となるものであり、また、不可視の真実を探求する道でもあります。

しかし、わたしは、古来占いが人間とありつづけた、その最も根底にあるものは人間の欲望ではないかと思っています。現に、今日でも多くの人々が、よい仕事やよい結婚相手、あるいは健康に恵まれたいがために、占い師のもとを訪れているのです。このあたりにも、占いというものが表の世界にはでにくい理由のひとつが垣間見られます。それは時には、人々の秘密の戦略として、ひそやかに用いられるべきものなのかもしれません。

そして、もうひとつ。人間の根源的な欲望のひとつではないかと思われるのが、好奇心というものです。わからないものを知りたいという欲望、神秘に憧れる心——。占いは、時には、そんな人間の好奇心をも刺激するものだったのではないでしょうか。

そのことは、やがては科学への開眼へとつながって、占いと科学とがリンクしながら歩んでゆく道を拓くのかもしれません。

昔から、わが国では鏡が割れたりゲタのはな緒が切れるのは、不吉なことのおこる前兆だといわれています。このような考え方は非科学的な迷信でしょうか。もちろん、現象界のすべてのものはいつかは滅びます。いつかは鏡は割れるし、ゲタのはな緒も切れる時がくるでしょう。

けれども、そういう現象が、なぜその時におこったのでしょうか。人やものが生まれるのも滅びるのも、まったく無秩序で偶発的な現象なのでしょうか？

おそらく、そうではないでしょう。鏡が割れ、ゲタのはな緒が切れるたぐいの現象を凶兆とするのも、言下に迷信だとして切り捨てられるものではない、とわたしは考えます。

こうしたことは、スイスの心理学者・ユングの提唱した「シンクロニシティ（共時性）」の考え方を想起させます。

すなわち、宇宙には親和性というものがあって、同じような性質、エネルギーを持ったものはひき合って、同時に発生したり、あたかも呼応するかのように発生しやすい、という理《ことわり》です。

それは、偶然の一致（同調）現象とか、波長一致の現象といわれています。うわさをすれば影、というのもこのたぐいの現象です。

そして、それはまた、古代中国の「易占い《えきうらない》」の本質そのものに通ずるものでもあります。

日本にも昔から、辻占《つじうら》、橋占《はしうら》、夕占《ゆううら》などといわれる占いがあります。これは、外でたまたま見聞きした他人の言動から、自分がかかえている問題についてのなんらかのしるし、答えを得ようとするものです。行われる場所が道の辻であれば辻占、橋のたもとであれば橋占、時刻が夕方であれば夕占となります。（ついでながら、辻、橋、夕刻は、いずれも異界と交差する接点です）

これらの占いは、宇宙の共時性にもとづくシンプルな占い法ですが、現代なら、たまたま乗った電車や喫茶店のなかなどで、他人の言動から、自分のことについてのヒントが得られることもありそうです。……と、ここまでくると、占いというもの、その根底においては、科学ではいまだ解明されていない、人間の奥深い心の働きと関係しているもののようですね。

振り返ってみると、わたしが子供だった頃に行った最も単純な占いは「投げ占《なうら》」といわれるものだったように記憶しています。「あした、天気にな〜れ！」と、ふしのついたかけ声もろともゲタを高く投げあげるのです。そして、ゲタが落ちた時、それが表であれば明日は晴れ、裏であれば雨、というわけです。

大昔から、杖の倒れる方向で未来を占う「杖占《つえうら》」というものもありました。わたしの学生時代には、試験の答案用紙を前に、立てた鉛筆を倒して、二択解答に対するお告げ(?)をもらっていた人もいました。

……かと思えば、デート中のコーヒーショップで飲み終わったカップの底に残ったコーヒーの模様から、それぞれ相手の想いを読みとって楽しんだり、ちょっとおしゃれで大人っぽいトランプ占いやタロット占いなど。あるいは、占いの定番ともいえる手相や人相。

いや、もっと乙女チックな花びら占い、なんていうものもありました。花を手に、一枚ずつ花びらを引き抜きながら、「あの人は、わたしのことを好き、嫌い、好き、嫌い……」という、あれです。最後の一枚が「好き」で終わったら、ラッキー！というわけですね。

そうしてみると、占いは便利で無邪気、夢のあるものだとも感じます。

気学は「占い」か「開運術」か

本書は、パワースポットを楽しく歩きながら開運していこう、というガイドブックとして書かれていますが、その理屈のバックボーンとなっているのは「気学《きがく》（方位学、九星術）」です。気学は、古代中国に源を発する「易」から派生した、東洋流の占星術です。

その意味では、あまり無邪気な部類に属する占いではないかもしれませんが、もともと気学はとても実用的で便利な占いです。

一白水星《いっぱくすいせい》、二黒土星《じこくどせい》、三碧木星《さんぺきもくせい》、四緑木星《しろくもくせい》、五黄土星《ごおうどせい》、六白金星《ろっぱくきんせい》、七赤金星《しちせききんせい》、八白土星《はっぱくどせい》、九紫火星《きゅうしかせい》という九つの星を用いて人事全般を占い、且つ人間の希望を叶えることのできる占術なのです。

わたしも気学の勉強を始めて、いつの間にかずいぶんの歳月がたってしまいましたが、時時「気学は占いなのだろうか？」と考えることがあります。

もちろん気学は、東洋の「暦」を用いて九星の動きを追って、人の過去や未来、性格などを読み解くことをしますから、その点では一般に推命《すいめい》（四柱推命《しちゅうすいめい》などに代表される、運命を推理していく占術）といわれる占いと似た部分もあります。

しかし、気学の本領はいってみれば開運のための「方位学」です。もともとは、方位学と家相学とは別分野の占術でしたが、後になって方位学と家相学とが統合され、ひとつになって気学といわれるようになりました。

その気学の教えるところは、よい方位に行って、よい家相の家に住む、ということです。そのことによって、本人の持てる力を十分に発揮することができるようになり、よいチャンスにも恵まれる、運が開ける、ということなのです。

そうなってくると、気学は「占い」というよりも、明快に「開運術」といったほうが当たっているようにも思われます。

世の中には、開運のために気学を積極的に活用して、よい方位に転居をくり返したり、よい家相の家を建てる人は多いものです。

しかし一方で、現実問題としてなかなかそこまではできない、という人もまた多いのです。実際のところは、後者のほうが圧倒的に多いでしょう。

実は、気学を長年学んできたわたし自身、つねづね気学を「活用しきれていない」と感じているのです。

吉方位を用いるためのよい年回りがめぐってきたといっても、そう簡単に転居はできるものではありません。

もっとも、そういうことを非常に簡単にやってのける人もたまにはいるもので、わたしは、そういう人の軽やかな行動力、活力をいつもうらやましいと思っています。

ただ、ここでひと言つけくわえるならば、いくらよい方位への転居といっても、あまりたびたび行いすぎるのもよくありません。ある程度の年になったら吉方位に転居し、そこに吉相の家を建て、長く住む、というのが気学の基本的な姿勢です。最終的には一定の地に根を下ろさなければ、運気は安定しないし、充実もしないのです。

わたしが気学の勉強を始めたころ、「吉方三度」という言葉を聞きました。これは、開運のためには、一生のあいだに三回吉方位に転居する必要がある、という意味です。

一回目の吉方転居でこれまでの人生のアク抜きをし、二回目の吉方転居でチャンスをつかみ、三回目の吉方転居では吉相の家を建て、そこに根を下ろし、いよいよ運勢を充実させていく、ということです。

こうなると開運というもの、とても一朝一夕にはいきません。

また、これは気学の説ではありませんが、住みやすく心地のよい家をつくるためには、一生のあいだに三回家を建てなければならないと、そういう話を聞いたことがあります。二回の失敗のあとに、ようやく理想の家が建つ、ということだそうです。

いやはや――。その上に「よい家相の家」という条件がくわえられるとなったら、家を建てることはまったく至難の業《わざ》といわねばなりません。

けっきょく、気学を百パーセント応用して開運できる人とは、そもそもが「はじめから運のいい人」なのか、という気もしてきます。

実際、わが国に気学の大もとである陰陽道《おんようどう》的なものが伝えられ、それが使われはじめたころには、それは一部の権力者のためのものでした。

さらに時代が下って現代にずっと近くなっても、やはり気学的なものを最も有効に活用できたのは、一握りの資産家といわれる人たちでした。理想的な家を建て、よい時期に転居するためには、やる気とともに大金が必要だったからです。

そこでわたしは、気学を応用しながらも特別に財産をもたなくても、誰もができる開運法はないものかと考えました。

そして考えついた結論は当たり前のようですが、家を新築したり、大きくリフォームしなくてもよい方法。また、遠方への転居や一時的な方位転居などしなくても、日常生活のなかで行える方法でした。

さらにわたしは、日々の生活のなかで実践されていく方法として、気学をもっとカジュアルに楽しむやり方があってもよいのではないか、と考えました。

気学には「祐気法《ゆうきほう》」という、移転や旅行で動くことによってあらわれる方位の吉凶を利用した開運法があります。それは、方位の使い方によって、後天的に運を開く方法です。

今回、わたしが本書で提案する、日常的に楽しみながら開運する方法とは、まさに、この「気学祐気法」を応用したものです。

読者の方のなかには「祐気取り」という言葉を知っている、という方もいらっしゃるでしょう。暦を調べて、自分にとってよい星がめぐってきた時に、その方位に出かけていって、お土砂《すな》やお水をいただいてくる開運法で、もちろん、気学の祐気法を応用した方法です。

「祐気取り」の「祐」とは、もとは「神の助け」という意をもっていますから、つまり、この方法は神の助けをいただく開運法、といってもよいと思います。

現在、パワースポットという言葉をよく耳にしますが、気学が教える吉方位(祐気の方位)とは、まさしくパワースポットです。

本書では、気学の祐気法について、基本からお話ししていくつもりですが、まずは方位にこだわらずただ動いてみること、周囲の「気」を感じながら散歩や旅行をして動くことから始めてみたいと思います。

ただし、ここでいう「動き」とは、体育館や運動場のような特定の場所で行う体操などとは、性質を異にしています。気学でいう「動き」とは、距離の移動を意味しています。

一章——

パワースポットの見つけ方

パワースポットとはどんな場所か

パワースポットという言葉も世間にすっかり定着して、「元気がでる場所」、「癒される場所」くらいの感覚で普通に使われるようになって、すでにかなりの月日がたちます。

わたしが、この言葉をはじめて耳にしたのは、たしか一九八〇年代、奈良県の天河神社《てんかわじんじゃ》（天河大弁財天社）について話を聞いた時だったように記憶しています。天河神社は芸能の神さまを主祭神としているところから、芸能関係の信者さんも多く、しかも「呼ばれた人しかたどり着けない」神社だということで、話題になっていたのです。

当時の話では、パワースポットとは「宇宙の気が集まる場所」というほどの意味で、地球上のエネルギーポイント、大地の気が活性化された特別な場所をさしているようでした。

そうしてみると、パワースポットとは、もちろん近年になって急にあらわれたものではなく、大昔から世界中に存在しつづけていたものではないか、ということになります。

たとえば、フランスのルルド、エジプトのピラミッド、アメリカのセドナ、イギリスのストーンサークル、ハワイのマウイ島……などなど、世界中に大小無数のパワースポットがあるはずです。

もちろん、日本にもパワースポットはたくさんあります。富士山、白山、立山などをはじめとして、山のほとんどはパワースポットです。伊勢神宮《いせじんぐう》、出雲大社《いずもたいしゃ》など、神社はもちろんパワースポットです。さらに、古代遺跡があったり、昔から自然崇拝の対象となってきた特別の滝、岩、樹木などのある場所も、パワースポットです。

パワースポットとは、地球のエネルギーが活性化された特別な場所ですから、人がそこへ行くと当人の魂も活性化され、意識にもよい変化がもたらされる、すごい体験をする!! ともいわれています。

この「すごい体験」とは、なんでしょうか。おそらくは、突然の覚醒、気づき、悟りに近いような感覚？ ある人は、エジプトのピラミッドの近くで瞑想中、不意に霊能に目覚めた——と、そういう話もありました。

さて、そのようなパワースポットですが、実はパワースポットとは、それほど特別な場所ばかりではないのでは？ とわたしは思うのです。もちろん、電撃的意識の覚醒をもたらす「すごい場」は実際あるのでしょうが、そればかりがパワースポットというわけではありません。

わたしは、パワースポットとは、実は自分たちのすぐそばにもあるのだと考えます。それは特別に意識をしていなくても、わたしたちが日々の生活のなかで、ずっと昔から親しんできたものだったはずです。

たとえば初詣《はつもう》で。新年には多くの人たちが神社や寺院に出かけて、心新たにご挨拶とご祈願をします。また、子供が生まれればお宮参りをし、七五三のお祝いでも神社参拝ということになります。あるいは、厄年《やくどし》といわれる年回りに神社でお祓《はら》いを受ける人もいるでしょう。

考えてみれば、昔からこうした伝統的な行事や人生の節目に行われる儀礼の場面で、人々が向かう先はパワースポットだったのです。

そこで、あらためて「パワースポットとは何?」と考えてみると、それは、本来の自分自身を取り戻せる場所、自分の中心が大地や大自然としっかりとつながっている、という感覚を自覚できる場所なのだと思います。

現代は通信手段の飛躍的発達により便利になった反面、ともすれば人間は、さまざまな通信機器や情報に振り回されて、かえって生活が複雑になり、自分というものを見失っていることも多いのではないでしょうか。

そんな時に一呼吸――。ありのままの自分に立ち返ることのできる場所、それがパワースポットなのです。

おそらく、皆さま、自分の家の近くでもなんとなく好きな場所、つい通りたくなる道、気分がスッキリとする場所、元気がでてくる場所、というものがあるのではないでしょうか。それも、パワースポットです。

ところで、パワースポットとひと口に言っても、本書は「気学」を応用した「パワースポット開運法」なので、ここでひとひねりがくわわります。

たとえばあなたは、こんな体験をしたことはありませんか。たいていは、そこへ行くと気があがって、心のモヤモヤが晴れるのに、きょうは同じところに来てもいっこうに気分がよくならない、気持ちが晴れない……と、こういう体験。ひょっとすると、それは方位の作用かもしれません。

気学的立場から見れば、同じ場所でも、その年、月、日、時間によって、星の動きは違いますから、時の経過に連動して誰にとっても、その場所は吉方位になったり凶方位になったりします。つまり、場所の力とは日々変化しているものなのです。もちろん、パワースポットも例外ではありません。

さらに、こうしたパワースポットや場所の力の変化は、方位による変化だけではありません。季節、近隣の建造物、木や植物など周囲の環境の影響によっても微妙に変化しています。

きょうのパワースポットが、あしたもパワースポットであるとは限りません。また、わたしのパワースポットがあなたにとってもパワースポットだとは限りません。生まれ星の違いによって吉方位も違ってくるのですから、気学を少しでも知っていれば、このことはすぐにわかっていただけるでしょう。

では、パワースポットとは何か、ここでまとめてみましょう。

①万人共通のパワースポット

方位の吉凶には関係なく、昔から特別の場所として信仰の対象となっている神社や、山、滝、樹木などがあるところ。空気がきれいで、自然が豊かな場所などです。

②自分だけのパワースポット

自分の感覚がキャッチした、自分にとって特別な場所。なんとなく安心できたり、元気がでたり、心が落ちつく場所です。これは、野外の散歩道であったり、あるいはお気にいりの喫茶店だったりもします。もちろん、自宅がパワースポットということもあり、これは生活していく上で理想的な状態です。

③気学祐気法によって割り出される方位によるパワースポット

ズバリ九星の動きから導き出される、個人の吉方位。星はつねに動いていますから、特定の年、月、日、時間に限り有効なパワースポットとなります。

①の「万人共通のパワースポット」にこの祐気法によるものを組み合わせて、特定の方位を使うことで非常に強いパワースポット効果を引きだすことができます。①と③の組み合わせが、「気学で楽しむパワースポットの歩き方」の真骨頂ともいえます。
ここで、以上の三種のパワースポットについて、ひとつずつ見ていきましょう。

万人共通のパワースポット

このパワースポットは、いつ、誰が行っても気のあがるよい場所です。昔から「お伊勢参《いせまい》り」とか「熊野詣《くまのもうで》」といわれているお参りは、いってみれば、この万人共通のパワースポットめぐりです。

もちろん、その場所がたまたま自宅から見て凶方位に当たっている場合もあるでしょう。そうした時には、その凶方位の意味するちょっとしたトラブルの現象はでるかもしれませんが、しかし、その場所がもともともっているパワーは変わりませんから、よい気を受けることができます。

実は、気学による吉方位というものは非常に少ないものです。吉方位への旅行をするためには、暦をもとに、長い目で見た計画が必要です。

わたしは、移転のような人生の一大事や、特別の場合（後述する気学の「祐気取り《ゆうきとり》」を行う時）以外は、日々の生活ではあまり方位にこだわらず行動しています。

特に「万人共通のパワースポット」に行く場合などは、方位にこだわりすぎると、行くべきチャンスを逃してしまうこともあります。

いわゆる有名な聖地や自然が豊かな場所は、方位は関係なしに「とりあえず行ってみよう」という軽い感覚で訪れてみればよいのです。

もちろん、ただの観光で結構。大切なことは、実際にその場の「気」を感じてみる、ということです。こうして、たくさんのパワースポットをめぐっているうちに、どんどん感覚が磨かれ、場に対する感度が高くなっていきます。

そしてある時、ある場所で何か感ずるところがあったら、そこは、あなたにとって特別な意味をもった場所かもしれません。「万人共通のパワースポット」に対するあなたの意識の深まりが、その場所を、さらにグレードアップされた、あなただけのパワースポットへと押しあげていきます。

いよいよ時節の到来です。ここまできたら、暦を調べて、よい星がめぐってくる時を待ち、祐気をいただきに出かける計画を立ててみたいところです。

ここで、わたしの小さなパワースポット散歩について、お話ししてみましょう。出かけた先は主に神社ですから、「万人共通のパワースポット」といえますが、自分としては特にパワースポットめぐりという意識はあまりなく、日常生活からちょっと離れることのできる「楽しみ」といったところです。

パワースポット散歩は、まずはめんどうくさいことは考えず、心楽しくいきましょう。

私のパワースポット散歩——富士塚の登拝（東京都練馬区・浅間神社、東京都台東区・小野照崎神社）

わたしは、ある年の富士山の山開きの日（七月一日）、富士登拝を思い立ちました。といっても、わたしが登るのはミニチュアの富士山。富士塚です。

富士塚とは、江戸時代に盛んだった富士信仰にもとづいて、富士山を模してつくられた人工の小山のこと。当時の庶民には「お富士さん」とよばれて、親しまれていたといいます。江戸の昔、一般の人たちが富士山に登ることは今以上に容易ではなかったはずです。そこで、神社の境内などに小さな富士山をつくって、霊山の登拝をしたのですね。それで、富士山に登ったと同じご利益がいただける、というわけです。その日、わたしが登拝したのは「江古田《えこだ》富士」とよばれる浅間《せんげん》神社境内にある富士塚。

この富士塚は天保十年（一八三九年）の築造、高さ約八メートル、直径約三十メートルで、都内に六十基以上も残っているという富士塚のなかでも最大級のものだそうです。国の重要有形民俗文化財に指定されており、年に数日間のみ開放されて登拝することができます。

お山は実際の富士山の溶岩におおわれており、まず浅間神社の神使である猿の像に迎えられて、一合目を出発。途中、天狗の石像にも出会いました。滝もあります。

お山開きの、その日は晴天。お山の登り口の足元では、地中からセミが出ようとしている姿も見られました。この年、六月中に梅雨は明けていて、すでに真夏の暑さでした。けれども、お山の中には涼しい風が吹いているのでした。

頂上のお社《やしろ》の前で、二拝二拍手一拝。深呼吸をして、しばし登頂気分を味わいます。そして、同じように登ったであろう古《いにしえ》の人たちに思いを馳せます。

この日、浅間神社は自宅から見て、特に吉方位ではありませんでしたが、ちょっとワクワクする楽しいパワースポットでした。

この霊山登拝に気をよくしたわたしは、翌年の山開きの日（七月一日）には、入谷《いりや》の小野《おの》照崎《てるさき》神社の境内にある「下谷《したや》坂本《さかもと》富士」とよばれる富士塚に出かけることにしました。

この日は数日来の小雨が降ったり止んだり、という梅雨らしい日でしたが、境内はちょうちんや七夕祭りの飾りつけなどもされていて、にぎにぎしく盛況でした。

　鳥居の外から境内を見た瞬間、ここは気が生きている、と感じました。けれども、神社の場合はお祭りの日とふだんの日とでは、様子がまったく違います。両方を見なければ、本当のところはわかりません。

　さて、この日は年に一度の山開きのお祭り。ご朱印をもらう人たちの長蛇の列は、多くの有名神社で見かける風景と同じようなものです。

　拝殿でお参りをしてから、お山登拝。こちらの「お富士さん」も、国指定の文化財で、一般に開放されるのはお山開きの二日間のみです。高さ約六メートル、直径約十五メートルのお山が、大量の富士山の溶岩でつくられており、それが、お江戸の人たちに崇められた往時の姿を止めているというのですから、貴重なものです。

　ここでも、まず神使の猿の像に迎えられて登りはじめます。お山は霧雨にぬれて緑は美しいけれど、足元がすべります。わたしが、はいつくばるようにして登っていると、背後からは白装束の山伏風の人が何人か、威勢のよいかけ声とともに、ドシドシとせまってきます。わたしは、せき立てられるようで、必死で登りながら、思いました。ここは、やっぱり特別な場所なのだな、と。

　こちらの富士塚は、一年のうちの二日間だけしか登れないのですから、方位がどうの、とはいっていられませんね。天気が云々もナシ、です。

でも、もしこの日が大雨だったら、わたしは登拝はあきらめます。足元が危ないですし、雨降りの日は、一般的に場の福分が少ないのです。ちなみに、気学による祐気取りの場合は、雨が降ったらお土砂《すなと》取りは中止です。


ところで、この小野照崎神社はわたしにとって、まだ楽しみが残っています。

こちらの神社のご祭神は小野篁命《おののたかむらのみこと》、ご配神は菅原道真命《すがわらのみちざねのみこと》ですが、境内末社も多く、他にもたくさんの神々がお祀《まつ》りされています。

なかでも独立した立派な鳥居をもつのが稲荷神社と織姫神社の合祀殿《ごうしでん》。ここが、とても気になるのですね。また天気のよい、ふだんの日にゆっくりとお参りをしたいと思っています。

わたしは散歩や旅行の折に、こうした楽しみを少し残しておくことが好きです。旅行の場合には、あそこも行こう、ここも見たい、といろいろ計画を立ててみたものの、けっきょくは時間切れで、行くことのできなかった場所がたくさんあります。

でも、わたしは、その少しの心残りの感覚がいやではありません。次にはぜひ、という心待ちの感覚が好きなのです。

たとえば、お伊勢参りの旅で時間切れのため行くことができなかった茜社《あこねやしろ》（あこねさん）、出雲大社へのお参りの際、計画は立てていたものの、やはり行くことができなかった日御碕《ひのみさき》神社……。

今度はそこを一番の目的に行ってみよう、と思うと、そのワクワク感で心が満たされます。

わたしのパワースポット散歩——夏越の祓に参加（長野県松本市・四柱神社、東京都西東京市・田無神社）

もうずいぶん昔のこと、散歩というにはちょっと遠出をしたものですが、わたしは松本市にある四柱《よはしら》神社で行われる「夏越《なごし》の祓《はらえ》」に参加したことがありました。

「夏越の祓」とは、六月三十日に多くの神社で行われる夏の大祓です。茅《ちがや》といわれる野草などを束ねてつくった輪をくぐることによって、一年の上半期にたまってしまった心身の罪、穢《けが》れ（疲れた、よどんだ気、くらいにとらえてよいのではないでしょうか）を祓《はら》い浄める初夏の神事です。

この年の六月三十日は前夜からの大雨で、新宿発の列車は大幅に遅れて松本に到着。着いてみると、幸い、雨はあがっていました。

神事は、午後四時開始です。わたしが、十五分ほど前に目ざす神社にたどり着くと、境内には、すでに神事を待っているらしい人たちが集まっていました。鳥居の下には、わたしの背丈の倍以上もある、大きな茅《ち》の輪《わ》が設置されています。

四時に太鼓が打ち鳴らされて、神主さんが四人、巫女《みこ》さんがふたりあらわれて、集まった参加者総勢三十人ばかりを指揮します。

神主さんの祝詞《のりと》が終わると、わたしたちは切麻《きりぬさ》といわれる半紙を四角く切ったものと茅《かや》を細かく切ったものとを、自分の体の左右にふりかけて祓《はら》いを行います。そして、神主さんのあとについて、あらかじめ教えられていた古歌を歌いながら、茅の輪を左、右、左と三回くぐります。これが四柱神社の茅の輪くぐりです。


水無月《みなつき》の夏越《なごし》の祓《はらえ》する人は千歳の命延ぶといふなり　（『拾遺和歌集』）

この歌に、どこか懐かしい童歌《わらべうた》のようにも聞こえるふしがついて、それをみんなでくり返し歌いながら、ぞろぞろと茅の輪をめぐるのです。

まだ日没には遠い六月の夕刻、こうして神社の境内で行われる古式ゆかしい神事は、神の子供たちの遊びのようにも思われて、楽しいものです。

夕刻というのは昼と夜との接点で、この時刻はまた、異界へ通じやすい特別の時刻……そう考えると、この市街地のど真ん中にある神社自体が不思議な空間に感じられて、いっそうワクワク感がつのります。

神事はちょうど三十分ほどで終わりました。と、その時です。不意に雨がパラパラと降ってきました。わたしは、雨に備えてもっていた折りたたみ傘を開いて、神社を後に女鳥羽川《めとばがわ》沿いを上流に向かって歩きはじめました。うす日が少しさしてきて、天気雨だなあ……と思っているうちに、もう雨は止んでしまいました。

ちょうど、喫茶まるも近くの橋の手前まできた時でした。

「あっ、虹!!」

と、この旅の連れ人《つびと》であるK子ちゃんの声です。

「あー、ほんとだ!」

と、わたし。

大空にうっすらとはけで刷いたような虹は見る間にくっきりとした姿をあらわして、わたしたちが橋上にきた時には、美ヶ原高原の方向に大きな七色のアーチを描いていました。そういえば、虹も橋も現界と異界との接点といわれるもの。やっぱり、この地は特別なパワースポットだったのだ、わたしはそう納得して満足しました。

今、わたしは自分の古い記録をもとに四柱神社で体験した神事について書いてきましたが、書きながら思ったことは、この二十年ばかりのあいだに世間のパワースポット事情もずいぶん変わったのではないか、ということです。

「夏越の祓」は日本神話にもとづくもので、宮中から始まり、江戸時代初期には現代のような、大きな輪をくぐり、無病息災を願う民間の行事になっていたようです。

一年の折り返し点を気持ちよく通過するための、昔の人の知恵が感じられる神事ですが、しかし、二十年ほど前には現在ほど盛んではなかったように思われます。

パワースポットやご朱印ブームと相まって、神社の行事も以前より盛り上がっているようです。四柱神社の「夏越の祓」も、近年はもっとにぎわっているのではないかと想像します。いつか再び四柱神社を訪れて、夏の神事にまた参加してみたいと思っています。


次にわたしが「夏越の祓」に参加したのは、近年のこと、場所は西東京市の田無《たなし》神社です。ここはわたしの地元に近く、地域の大氏神《うじがみ》に当たる神社です。

式典は三時から——。

この日の連れ人は姉です。わたしたちが十五分ほど早く神社に着くと、なんと茅の輪の前はすでに長蛇の列で、境内にはあふれかえった人たちが右往左往しています。白装束の神主さんが八人もいます。一人は女性です。予想外の盛況ぶりに、まずびっくりです。

わたしたちは初めての参加でしたので、とりあえず茅の輪の列の最後尾についたのですが、みんなの様子を見ていると、どうやら、あらかじめお祓いの申し込みをしなければならないようです。

あわててお祓い用の紙の人形《ひとがた》に名前などを記入して、なんとか申し込みをすませて、再び列に並びました。

そうこうしているうちに、「夏越の祓」についての説明や大祓詞《おおはらえことば》が書かれた用紙、身を清めるための切麻などがひとりずつに配られて、いよいよ式典の開始です。

神主さんの先導で、皆で大祓詞を唱和します。つづいて流れてきたアナウンスに従って、列がぞろぞろと動きはじめました。茅の輪くぐりが始まったのです。これも神主さんの先導で、皆で「夏越の祓の古歌」を歌いながら、茅の輪をくぐって、ゆるゆると境内いっぱいを大きく回っていきます。

さて、それがすんだら、今度は人形のお焚《た》きあげです。人形に記された姓名を神主さんが一人ひとり読みあげては、それを火中に投じていきます。

雅楽師が三人。わたしのすぐ目の前では、ニクロム線の電熱器を前に、女性雅楽師が笙《しょう》の演奏をしていました。

人形に記された姓名のすべてを読み終え、火に投じ入れ、式典の終了は四時半ごろだったでしょうか。

境内にこもった式典の熱気は、当分、消えそうにありません。

参拝者のなかには若い人たちも多く、やはりパワースポットブームの盛り上がりを感じます。

自分だけのパワースポット

気学を学んでいる人のなかには、日常の買い物についても暦を見て、よい方位のスーパーマーケットに行く人もいます。あるいは、野菜などはよい方位の産地で選ぶ、という人もいます。

しかし、わたしはそういうことは一切しません。必要なものがあれば、いつでも店に出かけていって買い物をするし、気が向けばいつでも家のまわりの公園などを散歩します。

自分だけのパワースポットを見つけるためには、こうした、暦をはなれた自然体の行動が必要です。同じ場所を、同じように、くり返し歩いてみることが大切です。

そうしているうちに、何度も行きたくなる場所、なんとなくつまらない場所などが、自然にでてくるはずです。買い物や散歩の途中、ちょっと一呼吸して、その場の「気」を感じてみてください。慣れた場所だからこそわかる微妙な気、雰囲気というものがあります。何度も行きたくなる場所、ホッとする場所、活力がでてくるように感じる場所は、多分、あなたのパワースポットです。

日々の生活のなかで特におすすめなのは、自宅の近場にある神社と馴じんでおくことです。自宅周辺のエリアマップを準備して、神社を探してみてください。神社は日本全国に八万社以上もあるのですから、地図を見ると、予想以上にたくさんの神社があることに気づかれるでしょう。そこを散歩コースに取り入れてください。

あなたの氏神と産土神

なかでも重要なのは、地元の氏神さまです。氏神さまは、その地域に住む人たちを専属で守ってくれているありがたい存在。ちょいちょい顔をだして、結びを深めておきましょう。まず、初詣で。大きな有名神社もよいけれど、新年一番にご挨拶したいのは氏神さま。大きい神社に出かけるのは、それからです。すると、氏神さまからは、ちゃんと全国の大きな神社へも連絡が届いている、という寸法です。

「こちらに居住する氏子《うじこ》の某が、これからそちらにお参りに伺いますよ。よろしくお願いします。なにとぞ、ご配慮をいただけますように……」

という感じに、氏神さまが大きな神社の神さまに伝えてくださるのです。神界のネットワークは、人間界のインターネット以上に精密です。

同様に、旅行の前後には必ず氏神さまにご挨拶をしておくことです。出発の一週間くらい前には、住所、姓名をはっきりと言って（声には出さず、心の中で）、さらに出かける日にち、旅行先もはっきり伝えて、お導き、ご守護をお願いします。もちろん、旅行から帰ったら、なるべく早くお礼参りをすることです。

わたしは旅行に行く時には、たいていはあまり方位にこだわりませんが、この事前事後の氏神さま参りをしているおかげで、安心して旅を楽しむことができるのです。

大丈夫。氏神さまは、こちらが呼びかければちゃんと応じてくださる存在です。

さて、そんなありがたい氏神さまとはいっても、いったい自分の氏神さまはどの神社？、と思っている方がいらっしゃるかもしれませんね。

ふつう、氏神さまとは多くの場合は自分の住所に近い神社の可能性が高いものです。あるいは、ひと昔前でしたら、「地元の古老に尋ねてみれば、氏神さまの神社を教えてもらえる」といわれていました。それで教えてもらえたら、一件落着。でも、現代は土地の古老とのおつき合いも少なく、そもそも古老といわれるほどに、その土地に長く居住しているお年寄りも少ないかもしれません。

そこで、確実な最終手段としては「各都道府県の神社庁（神社本庁の地方機関）に尋ねる」という方法があります。自分の住所を伝えて、その地域の氏神に当たる神社を教えていただくのです。どうしても自力でわからなかった場合には、この方法をとってみましょう。

ところで、ここまで氏神さまについていろいろいってきましたが、実はここには微妙な部分もあります。

自宅近くにいくつかの神社があって、そのなかにとてもひかれる神社がひとつある。でも、そこは地域の氏神さまではなかった——と、こういう場合。こうしたなぜか気になる神社は、まさに自分にとって特別のパワースポットというべきでしょうね。大切にして、つながりを深めていってください。そちらを自分の主たる神さまと思い定めて、事あるごとにご挨拶をされるとよいです。


氏神さまの話がでたら、産土《うぶすな》さま（産土神《うぶすながみ》）についても語っておかなければなりません。簡潔にいえば、氏神がその地域に住んでいる人たち（氏子）の守り神であるのに対して、産土神は自分の出生地にいらした守り神です。

氏神は当人がその土地から移転をしてしまえば、ひとまず双方の関係は終了です。今後は、また新しい住所の地域にある氏神神社との関係が始まります。

それに対して、産土神は当人が生まれた時に、その土地を守っていた神社の神霊で、この神さまとの関係は、当人がどこへ移転をしようと一生かかわりが切れるということはありません。

産土さまとは一生のご縁です。出生地から遠く離れて暮らしている方も多いと思いますが、時々産土神社にお参りをして、その結びを締めなおすことがよいと思います。

わたしの場合は、今では特別に知人もいない出生地の産土さまをお参りする機会はそれほど多くはないのですが、それでも、用もないのにたまに訪れてみることがあります。産土神社の参拝というよりは、産土の土地全体にひきよせられているような気がします。

実は、産土神とは当人が母胎に宿る時からずっと関与していた土地の霊。となると、地霊は生まれてくる子供のＤＮＡにも刷りこまれているのでしょうか。

そのせいか、わたしは時々京浜急行に乗って、海の見える横須賀の街へ行ってみたくなるのです。そこが、わたしの生まれ故郷です。

わたしのパワースポット散歩——横須賀の街を歩いてみる（神奈川県横須賀市・春日神社、豊川稲荷別院、延命地蔵尊）

わたしの産土神社は、横須賀市の春日《かすが》神社。京浜急行の掘ノ内駅から歩いて二、三分の市街地にあります。

わたしがこの神社を訪れる時には、実はお参りというより、そこをしっかりと見て確認したい、という気持ちのほうが強いようです。何を確認するのかといわれると、自分自身が幼いころ、たしかにここにいたことがあったのだという、そのことを再び実感してみたいのかもしれません。

振り返ってみれば、わたしが横須賀ですごしたのは生まれてから六年間だけですし、両親も、もともと地の人ではありません。

それでも、ここはわたしの出生地。この地の神社には、たくさんの思い出があります。盆踊りや夏祭り、境内いっぱいに、ひしめく露店、夜店のアセチレンランプの独特の臭い。小さな町の祭りは楽しげに夜までつづいて、盛り上がりました。簡単な仮設の舞台も組まれていました。

それは終戦直後のことだったのでしょうか、母の記憶では、後年の国民的歌手・美空ひばりが、天才少女歌手と評判になりはじめていたころ、この春日神社の祭りの舞台にも立ったのでした。

自分が幼いころにはとても広いと思っていた、この神社の境内は後に訪れてみたらこぢんまりとしたものであり、おまけに結婚式場などがつくられたので、さらに狭くなっていました。それでも、変わらぬ石の狛犬《こまいぬ》に迎えられると、また会えたね！、と心がはずみます。実は、わたしが、この神社で最も懐かしく記憶に残っているものは、神社を守る毛並みの美しい一対の狛犬です

　こうした幼い日の思い出と結びついているのも、産土神社ならではです。

　わたしの横須賀のパワースポット散歩は、掘ノ内から、上り二駅目の横須賀中央へ。ここは、かつて、わたしが一年間通った小学校があったので、懐かしい場所のひとつです。

　駅を出てすぐ、商店街のアーケードの途中に豊川稲荷（愛知県）の別院への入り口があります。ガラス戸を開けると、目の前に不意に急な階段があらわれます。どこまでつづくのでしょうか、かなり急な階段です。

　ようやく登りきったところには、徳寿院という曹洞宗のお寺がありました。豊川稲荷の別院です。……というわけで、こちらのお稲荷さんは寺院系のお稲荷さん。空気の密度が濃いというか、少し重く感じられます。

　こうした場所はもちろん、小学校に通っていた当時のわたしが立ち寄るようなところではありませんでした。

けれども後になって発見。ああ、こんな場所もあったんだ、とそれこそ懐かしい土地での新発見にワクワクするものです。

さらに少し歩いてどぶ板通りにも至れば、小学一年生にはまったく縁のない場所です。ところが、後にここでもお地蔵さまのお堂を発見。延命地蔵尊です。

堂内には、やさしい面立ちのお地蔵さまを中心に、何体ものお地蔵さまが並んでいます。よく手入れのゆき届いた、そこへ足を踏みいれたとたんに、心の中に静かに打ち水をされたような、スッとした気持ちになりました。

ある時、このお堂のろうそく立てで、たれたろうが弓なりに弧を描いて、龍の姿になっている不思議なものを見たことがありました。

どぶ板通りを後にしたら、ぶらぶらと海辺の三笠公園に向かいます。公園は、昔とはまったく様子が変わってしまいましたが、においが幼いころの記憶を呼び覚まします。胸いっぱいに昔と同じ潮の香りを吸いこめば、心底ホッとするのです。

ここは、やっぱり産土さまの土地。……こうして、横須賀散歩はこれからもつづくはずです。

気学祐気法によって割り出される方位によるパワースポット

このパワースポットは、気学の祐気法（方位学）を活用して見つけるパワースポットです。暦などを調べて、自分の生まれ星から、その時点での吉方位を見つけます。そして、その吉方位へ移動する、ということが基本です。この移動とは、本書では主として散歩や旅行を意味しています。つまり、最強のパワースポットに向かって、積極的に散歩や旅行に出かけるのです。

次の章で詳しい説明をしていきますが、この方法を自在に使いこなせるようになると、パワースポット散歩（旅行）が一段と楽しくなります。

ある人は、気学――特に祐気法で方位を用いることはゲーム性があっておもしろい、と言います。用いた星と方位の効果が確実にあらわれてくるからです。

すでに本書で書いてきたとおり、パワースポットには「万人共通のパワースポット」、「自分だけのパワースポット」とありますが、いずれの場所も、本来は時間と方位とがかかわってきます。

同じパワースポットといっても、星の動きに連動して、年、月、日、時間によって、その方位は吉となったり凶となったりしますし、場所のもつ意味合いも変わってきます。

自分にとって最強のパワースポットを見つけて、それをどのように用いるか、実はさまざまなバリエーションがあります。

吉方位に移転する、という方法は最も有効な方法ではありますが、誰にでも簡単にできることだとはいえません。

そこで本書では、もっとやりやすい方法を提案しています。

たとえば、こんな方法もあります。

わたしの知っている人で、暦を見てはよい方位を使って、ショッピングをしたり、映画を見たり、美術館などをめぐっている人がいます。

行く先は、ほとんど日常の生活圏内で、もちろん日帰りです。移動距離も滞在時間も短いのですから、普通、気学の作用としてはそう大きい結果は期待できません。

けれども、その人は楽しみながらもう三十年以上もそれをつづけています。すると、やはり吉方位の効果がでてくるのです。方位の吉作用は、地道な積み重ねが効くのです。

こうした吉方位の用い方は一回や二回行っても、あまり効果はないでしょう。つづけることが肝心で、そのためには、それを人生の楽しみ、遊びとしてしまうことが開運のコツともいえそうです。

そして、もうひとつ。この人には、あるこだわりがあります。それは、この小さな祐気取りを実行するに当たって、吉方位に行く時には必ず「ひとりで行く」ということです。

この人は、方位が関係のない外出の時にはいろいろな人と出かけるのですが、吉方位へ行く時はいつでも単独行動です。

わたしはそれを聞いて、この人のミニ祐気取りが有効な理由のひとつがわかったような気がしたものです。

気学で吉方位の福分をいただきに行く時には、基本は単独行動です。気学サークルなどでは、星の合う複数の人たちと一緒に祐気取りに出かけることがあります。祐気取りに慣れるという意味で、はじめのうちはそれもよいでしょうが、それは本来の祐気取りのあり方ではありません。

複数の人たちで出かけると、運気の強い人に星の福分が取られてしまう、といわれています。誰の運気が強いのか弱いのかはともかくとして、大勢で出かけることで、自分の気が散ってしまうことはたしかです。

何か大切な心願があるという、ここ一番の時には、ひとりで祐気取りを行うことをおすすめします。

この気学の祐気取りですが、昔から行われている方法で、開運のためによい方位に行って、お土砂《すな》をいただいてくる、という作法があります。ちょっとお呪《まじな》いのように思われるかもしれませんが、これは非常に有効な方法です。

わたしが気学の開運法である、この「お土砂取り」について説明を始めると、「占いのお土砂取りは知らないけれど、甲子園の砂取りなら知っている」と言う人がいます。

高校野球の「甲子園大会」では、試合終了後、選手たちが球場の砂（土）を持って帰る伝統がありますが、これもなかなか興味深いことです。

事の起こりについては諸説あるようですが、要するに、球児たちにとって甲子園はまさしく聖地、パワースポットです。自分たちが熱戦をくり広げた特別の場所の砂（土）を記念として持ち帰るということは、気学のお土砂取りに一脈通ずるところがあります。持ち帰った甲子園の砂（土）は、母校のグラウンドに撒かれることもあるというのですから、たしかに呪い効果は十分にあるでしょう。

本書によって気学の基本をしっかり理解されたら、後は実践あるのみ。いろいろ試してみて、自分に最もピンとくる方法を見つけることが大切です。そうして見つけた方法は、きっと、あなただけのオリジナルの「秘伝」といえるものになるでしょう。

ここで、また、わたしの体験をひとつ。ずいぶん以前のことになりますが、お土砂取りに関して、ある神社でちょっとおかしな体験をしたことがあります。

わたしのパワースポット探し――お土砂取りをするつもりが……

お土砂取りとは、あらかじめ暦を調べて年、月、日、時間に自分にとってよい星がめぐってくる方位を見つけて、その場所でお土砂（土）をいただく祐気開運法です。

いただいたお土砂は、家の周囲に撒いたり、器に入れて部屋に置いたり、あるいは少量をお守りのように携帯するなど、使用法はいろいろです。

お土砂取りを行うに当たっては、まず暦を調べて吉方位が決まったら、地図上で具体的な場所を探します。

たとえば暦を見て、お土砂取りをしたい時の自分にとっての吉方位が南だということがわかったら、地図を見て、自宅から南方位に当たる場所を選ぶのです。

わたしは時々、吉方位の神社でお土砂取りをしています。清潔なシャベルとポリ袋を持って出かけ、神社の境内、なるべく人の踏んでいない清浄な地面を見つけて、土を少しいただくのです。

この時は姉の祐気取りが目的でしたが、いつものように地図を見て、自宅から吉方位に当たる神社に目星をつけました。今回はバスで少しの距離ですが、こういう近距離のお土砂取りは、実は大変効くものです。場所と本人との相性も重要で、それは実際に現地に行ってから、よし悪しが感じられるものです。

今回は初めての神社でしたので、姉とともに前日に下見に行こう、ということになりました。特に近場の祐気取りは、モタつかずに決まった時間内に事をすませることが大切なので、その場であわてないよう、できれば下見もしておきたいものです。

目ざすバス停で降りてから、近くにいる人に道を聞きながら歩きました。教えられた道をしばらくゆくと、こんもりとした丘陵が見えてきました。住宅地に面したバス停からは思いもよらない、うっそうとした小道がつづいています。

町中で神社を探す場合、遠くからでも見える木立の存在がひとつの目安になるのですが、こうしたベッドタウンで丘陵というのは珍しいです。

釣り堀もありました。神社を探していて釣り堀に出会ったというのも初めてのことでした。ここでは鯉を釣るそうで、水面をのぞいてみたら大きな黒い鯉ばかりがかなりの数、黒々とした影をつくりながら、ゆっくりと泳いでいました。

今どき、釣り堀とは……。

と、わたしは軽い驚きをもって、興味深く眺めました。その静まりかえった時代錯誤のような釣り堀に、不思議な懐かしさを感じたからでした。それでも土曜日だったせいか、お客が三、四人いて、無言で水面に釣り糸をたれているのでした。

わたしたちは、さらに丘の上をめざしました。足もとにはクマザサがいっぱいに茂っていて、歩くたびにガサガサと音をたてます。

どうやら、わたしたちは神社の裏手から入る形になってしまったようです。

登りきったところには小さな湧水があり、弁天さまがお祀《まつ》りされていました。先ほどの釣り堀は、この湧水を利用したものだったのです。

木々に囲まれたお社《やしろ》は神《かん》さびて、いい雰囲気です。受験の合格祈願の絵馬や野球のボールなども奉納されていて、これもいい感じです。

さて、お土砂はどこからいただこうか。

わたしたちは境内のあちこちを歩いて、一応の見当をつけたところで、正面参道から帰ろう、ということになりました。

すると、しばらく坂道を下ったところで、姉が不意に、あ！とひと声、立ち止まりました。

姉の指さすほうを見ると、なんと、一本のかなり太い木の幹に、二体のワラ人形が釘で打ちつけられているではありませんか。

エーッ……。

言ったなり、絶句です。わたしは、これまでに実物の呪いのワラ人形を見たことがありましたが、実際に木に打ちつけられているのを見たのは初めてでした。

わたしたちは、無言で神社を後にしました。

どこかで、このように怪しいモノを不意に見た時、あるいは怪異に遭遇した時には、連れ人が何人いても決してしゃべらず、黙って、その場を去るのです。まちがっても、心霊談義など始めてはいけません。

翌日に予定していたお土砂取りは、中止としました。

この話はずいぶん前のことですが、現在でもこうした呪法は、日本各地で生きているということです。

神社といえば代表的なパワースポットではありますが、時には、こうした黒魔術的な怪しい呪物などもありますから、要注意です。おかしなモノには、やたらに触らないことです。

ここでひとつ、つけくわえておきたいことがあります。それは、ある時怪しい「呪いのワラ人形」があった神社といっても、いつでもその神社に近づいてはならない、ということではありません。そのようなモノを見た時、いやな気配を感じた時に近づかないほうがよい、ということです。

パワースポットというものは、日々変化するものだということを忘れないでください。

そのことがあってしばらく後、わたしは再度その神社に行ってみました。参道の木に打ちつけられていた二体のワラ人形はなくなっており、神社は静かな佇《たたず》まいを見せていました。

これだったら、お土砂をいただいても大丈夫です。

ここで、お土砂取りについての注意点を記しておきます。

お土砂取りで注意すること

お土砂取りは、雨降りの日は行いません。前日に雨が降って、地面に水がたまっているような場合も控えたほうが無難です。

また、神社の他、山などの気のよいところで、人が踏まない場所があればお土砂取りができます。

寺院では、お土砂取りは行いません。なぜかというと、寺院の気は、「陰《いん》の気」に属するからです。

気学など東洋の占いの根本には陰陽《いんよう》の観念があり、現象界のすべては陰と陽とで成り立っている、と考えます。この世界は、陰陽のバランスがうまく保たれて存在しているのです。

たとえば、一年はざっくりと分ければだんだん日が長くなっていく期間と、日が短くなっていく期間とが、それぞれ半分ずつあります。

本書巻末の九星循環表（暦）を見ると、九星がひとつずつ数を増やしていく順めぐりの期間と、九星がひとつずつ数を減らしていく逆めぐりの期間とがあることに、気づかれるでしょう。

暦上で、このように九星が数を増やしていく期間を陽遁期《ようとんき》といって、一年のうちで日が長くなっていく期間です。逆に、九星の数が減じていく期間は陰遁期《いんとんき》といって、一年のうちで日が短くなっていく期間です。

陽遁期には、陽の気が優勢で、陰遁期には、陰の気が優勢です。

こうして、一年の流れのなかにも、陰と陽とのバランスがちゃんと保たれているのです。

寺院と神社を陰陽に当てはめると、寺院は陰、神社は陽となります。

そして、祐気取りの場合には、一般に陽の気が好まれます。実際、お土砂やお水をいただく祐気取りの場合、陽の気が伸びていく陽遁期のみに行う、という人もいます。でも、わたしは寺院でお土砂取りはしませんが、この陰遁、陽遁にはあまりこだわりません。

人間の心身も、すべての物事も、陰陽のバランスが適正に保たれていることが大切です。

たとえば、落ちつきがなくあわてやすい人は、少し陰の気を補ったほうがよいのです。そういう人は、パワースポット散歩に静かな寺院を組み込んだり、秋も深まった陰遁期のころ、野山や公園に遊ぶ、などというのが心身のバランスをとる上で得策となります。

陰の気はクールダウンに有効ですから、日ごろからカッカとしやすい人も、神社めぐりより寺院めぐりのほうがよいかもしれません。

ただし、場所には微妙な相性というものがあるようなので、それこそ、いろいろな場所に出かけてみて、自分で実際に気を感じてみることが何よりも大切です。


お土砂取りに関して、ここで、もうひとつ気をつけなければならないことがあります。

多くの場合、お土砂取りは神社で行いますが、伊勢神宮では、これをしてはいけません。伊勢神宮では、お土砂、石、植物など、すべていただくことはできません。何か心の拠り所になるものがほしい場合には、神宮発行のお守りなどの授与品を求めるようにします。


それから、もうひとつ。これはまったく別の意味ですが、あまり繁華街の近くにある神社も、お土砂取りにはふさわしくないかもしれません。

ある日の『朝日新聞』に掲載されていた記事によると、暴力団関係者の発言として、詰めた小指は「人のいない時、神社裏に埋めるのが、しきたり」だそうですから、神社といっても油断はなりません。

開運のためにお土砂取りをしていて、土の中から人間の指がでてきたりしたら、たまりませんね。

お土砂取りの場所の選定は、もちろん方位が基本ですが、最終的には自分の感覚に頼ることになります。

お土砂取りのために神社に出かけたら、まず拝殿でご挨拶。お土砂をいただく旨お伝えし、それから心を鎮めて、気を感じてみてください。

出雲の地でお土砂取りをする

ある時、ふと出雲大社へのお参りを思いついて暦を見たら、近々、方位的にちょうどよい時がめぐってくることがわかりました。

気学では、自然の流れのなかでよい方位に恵まれる、ということをとても重視します。わざわざ選んで用いた吉方位よりも、偶然に用いた吉方位のほうが何倍もの価値があるのです。

東京から西方位にある出雲大社。ここは、日本最大のパワースポットのひとつです。本来、いつ、誰が参拝に出かけても大きな力がいただけるところです。そこへもってきて、たまたまの吉方位！　となれば、このチャンスを逃すわけにはいきません。

連れ人は姉です。姉とわたしとでは、生まれ星が違っていますが、この時はこれもまた、たまたまふたりにとって共通の吉方位に当たっていました。めったにないことです。

東京から出雲大社にお参りに出かけるとなると、多くの人は飛行機を使うかもしれません。けれども、飛行機にはできるだけ乗りたくないわたしは、はじめから列車を使うというアタマしかありません。どうせ列車に乗るなら……思いきって、一度乗ってみたかった夜行寝台特急の「サンライズ出雲」に乗ることにしました。

二十二時、東京発の列車は、夜の東海道本線から山陽本線を駆けぬけていきます。無人の夜の駅を、いくつも通り過ぎました。寝台車の窓からは、レモンのような月も、星も見えました。もの珍しさで、眠ってもいられません。

朝七時過ぎ、岡山到着。ここで、これまで併結運転をしていた、高松行きの「サンライズ瀬戸」と別れます。その車両の解結シーンも見ものと聞いたので、いったん下車して見物。わずか数分のことでした。

この日は快晴でした。列車は伯備線《はくびせん》にはいって、なおも走りつづけます。不意に車内アナウンスが流れて、進行方向右手に伯耆富士《ほうきふじ》ともいわれる大山《だいせん》が見えてきたことを告げます。

わたしの場所からはよく見えません。わたしはあわてて個室をとび出すと、すぐに外のよく見える場所に張りついて、外の眺めを楽しみました。やがて列車は山陰本線にはいり、目の前には宍道湖《しんじこ》が見えてきました。だんだん終点も近づいてきました。

午前十一時過ぎ、十三時間余りも走りぬいた「サンライズ出雲」は、終点の出雲市駅に到着しました。予定時刻より一時間以上も遅れての到着でした。


この時点で、わたしも姉もかなり疲れていました。若くもないのに、十三時間以上も寝台車に揺られながらの移動はこたえるはずです。

しかし、実は昨夜の十時に東京出発という、この列車の出発時刻に、気学的には多少の問題があったのです。気学を用いるに当たって、このように日をまたいでの移動というのは、むずかしさがあります。

昨夜は出発前に品川で人身事故があり、そのために多くの列車のダイヤが乱れていたのです。「サンライズ出雲」は意外にも、ほぼ定刻に出発しましたが、おそらくはその事故のあおりを受けて、途中、徐行運転をしたのでしょう。到着時刻は大幅に遅れました。ややこしい説明になるので省きますが、こうしたトラブルについても、気学的には説明がつきます。

そうはいっても、今回の場合は旅行全体に対して大きい問題はないはずです。道中のほとんどと、目的地の到着時刻は吉方位になっています。それに、事前には二回、氏神さまにご報告参りにも行っています。

列車を降りたわたしたちの旅は、旧大社駅《たいしゃ》の見学から始まりました。

旧大社駅は、明治四十五年国鉄大社線開業から、平成二年JR大社線が廃止されるまで、出雲大社の玄関口となっていた駅です。レトロな建物の好きなわたしにとっては、はずすことのできない場所。それに、はじめにここを見学すると、かなり歩かなければならないのですが、自然に一の鳥居（宇迦橋《うがばし》の大鳥居）からの参拝ができる点もよいのです。

駅舎は大正十三年竣工の二代目です。木造平屋建て、出雲大社をモデルにしたというだけあって、さすがに重厚で立派です。全容が目にとびこんできた時には、思わず、おお〜っと、声がでました。

すでに駅としての役目は終えている高い天井の広い駅舎からは、しんとした不思議な気配がただよっています。切符売り場、改札口、ホーム、駅名看板、線路までもが往時のにおいを残して、静かに息づいているのです。

五月晴れ、というよりは夏を思わせる暑い日。平日だったせいか、観光客はほとんどいません。

日差しはとても強いのですが、小さな日陰を見つけて古いホームのベンチに座っていると、気持ちのよい風が吹いてきます。空気がとてもきれいです。

わたしたちはしばらく休んで、この美しい駅舎を後にしました。


いよいよ大社に向けて歩きはじめます。一の鳥居を通って、二の鳥居へ。勢溜《せいだまり》の大鳥居といわれる、こちらが出雲大社の正門です。このあたりは昔、芝居小屋などがあって人々が群れ、活気があふれ、勢いがたまっていたことから「勢溜」とよばれるようになったそうです。

現在とはだいぶ様子が違うようですが、エネルギーのあふれるこの場所は、やはり昔からパワースポットだったのですね。この日は大鳥居を背にすれば、広い空と、遠くにうっすらと山並みの望める、静かで広やかなパワースポットです。

ここで鳥居をくぐれば、いよいよ大社境内へと入ってゆくのですが、わたしたちはここで斜め西方向に折れて、稲佐《いなさ》の浜へと向かいます。

この道は「阿国《おくに》の道」といわれていますが、国道で、歩いているとすぐわきをスピードをあげた車が通っていきます。途中、出雲阿国《いずものおくに》の墓所があり、少し階段を登ってご挨拶。出雲阿国は歌舞伎の始祖とされ、出雲大社の巫女《みこ》でもあったといわれています。

この道には、他にも参拝スポットがあるのですが断念。実をいうと、この時わたしはもうくたくたというよりは、よれよれ状態でした。旅はこれからだというのに、どうなってしまうのかと不安に思って、わきを見ると、姉の足どりも相当重いようです。ふたりとも、無言で歩きつづけました。

なんとか足を運んでいると、不意に海が見えてきました。視界には、写真で見たことのある弁天島《べんてんじま》もあります。稲佐の浜はもうすぐです。

ここ出雲の地には旧暦の十月（新暦十一月）、全国の神々がやってくると神話は伝えていますが、その折、最初に集まるのが稲佐の浜なのです。

浜におりると、潮の香りがいっぱいです。思わず深呼吸をすると、体がふっと軽くなるのを感じました。

弁天島は大きな岩で、その昔は弁財天がお祀りされていたそうですが、現在は豊玉毘古命《とよたまひこのみこと》という海の神さまがお祀りされています。岩の上にはお社もあります。

まずは、お社に向かってご挨拶をします。観光客らしい人たちがぱらりといて、同じように岩の上に向かって手を合わせています。

それから、いよいよお土砂取りです。人が踏んでいない清浄なところ……と、見当をつけて、あらかじめ準備していたポリ袋にカップ二杯ほどのお土砂をいただきました。

普通、お土砂取りはこれで終了なのですが、実は今回はまだつづきがあります。出雲大社には、お土砂に関して独特の作法があるのです。稲佐の浜でいただいたお土砂を、大社の本殿裏手にひっそりと鎮座している素鵞社《そがのやしろ》に納め、引き換えに、すでに納められているお土砂をいただいてくるのです。

これは一般的な気学のお土砂取りとは意味合いが違っていて、いつ、誰が行ってもお力がいただけるお土砂取りです。この地が、万人共通のパワースポットだからです。気学の祐気取りでは、神社などにあらかじめ「お土砂取り用」として用意されているお土砂はふつう用いませんが、この出雲大社のお土砂は、それとも違います。大社のお土砂は、ぜひ、いただきたいものです。

しかも、東京から出雲はやはり遠いですから、めったにいただけるものではありません。わたしにとって、今回はチャンスでした。

稲佐の浜でいただいたお土砂は、素鵞社まで運びます。

わたしたちは稲佐の浜を後にして、海岸沿いの道路を南方向に歩きはじめました。海辺の道は白く乾いて、建物の軒下は砂地のようでした。

稲佐の浜の弁天島。浜でお土砂取りをする

海岸沿いの道に咲く浜昼顔。砂地の道の端には海辺の植物が自生している

出雲「神迎えの道」沿いの民家の門口に散見する飾り花

出雲大社の正門、木製の勢溜の大鳥居

出雲大社参道。大きい神
社には珍しい下り勾配

出雲大社御本殿裏の素鵞社
（お土砂取りをする場所）

そこに、浜昼顔《はまひるがお》や浜防風《はまぼうふう》が生えているのを見つけました。東京では決して見ることのできない砂地の植物です。浜昼顔は小さく群れて、淡紅色の漏斗状の花を一面に咲かせています。それは明るい光のなかで、さらに花自体の内側から輝きを放っています。丸みをおびた若い緑色の葉も、つややかに鼓動しているようです。

正直なところ、出雲の地にやってきて、こうした花が見られるとは思っていませんでした。このあたりの道端に咲く花は総じて色鮮やかで、たくましく、大形です。東京で見かける花と同じもののももちろん多いのですが、種類が違うのか、と思うほどに生命力にあふれているのです。

出雲地方は根《ね》の国《くに》（死者の赴く地）に近いとも聞くけれど……。ここはまさしく、いのちあふれる地ではないか、そう感じました。

わたしたちは今、右手に海を望みながら「神迎《かみむか》えの道」をめざして歩いているのです。

「神迎えの道」とは、稲佐の浜に集まった神々が、そこを通って出雲大社へ向かうといわれている道です。

心地のよい期待感で、足どりも自然に軽くなります。

やがて海辺に大きな灯籠が見えてきて、きっとそれが「神迎えの道」への印に違いありません。迷うことなく、そこで左に折れます。静かな、民家の並ぶ道に足を踏みいれました。

ここが、「神迎えの道」なのです。道の両側には民家が建ち並んでいますが、ちょっと見たところ、人の気配がまったくありません。そして、すぐに感じられました。足元から瑞々《みず》しい力がわきあがってくるのです。先ほどまでの疲れは、どこへいってしまったのでしょうか。ここは、その名が示すとおり、本当に神々が通う特別な道なのです。

ある家の門口で、数本の草花が竹筒に生けられているのを見つけました。

「あ、これだ。やっぱり、本当にそうなんだ」

わたしは今回の旅の事前調査で、この「神迎えの道」には、家々の門口に竹筒が設置されていて、そこに花が生けられていることを知っていました。

その情報は、本当だったのです。

「あ、ここにも花が」

「ああ、この家にも」

「花もいろいろだけど、竹筒の形もいろいろ違っているのね。へえ、おもしろい」

実は、この竹筒には訳があるのです。それは、この地域に昔から伝わる「潮汲《しおく》み」といわれる民間行事にかかわるものです。

出雲の大社地区では毎月一日に稲佐の浜へ行って、潮《しお》(海水)を汲《く》んでくるのです。そして、お宮を回りながら大社へと潮を運び、参拝。その後、家にもち帰った潮で神棚や家、そして家族のお清めをするのだそうです。その際に用いるのが、この竹筒なのでした。ふだんはその竹筒に、こうして花を生けているらしいのです。

わたしたちが感心しながら、物語に登場するような、この花で飾られた道を歩いていると、不意に前方の家から年配の女性があらわれました。

「きれいなお花ですね。みんなのお家で飾っているのですね、この竹筒は……」

と、話しかけると、その女性は穏やかな表情でいろいろ教えてくれました。

やはり、聞いていた「潮汲み」行事の話も本当でした。使われている竹筒は市販されているものではなく、上手に作る人がいて、たいていはそういう人に頼むのだそうです。でも、手先の器用な人は自分で作るのだとか。だから、いろいろなデザインのものがあったのですね。

わたしたちは、稲佐の浜の潮に清められたような心持ちになって、大社正門へと向かいました。

正門からの参道は、神社には珍しく下りの勾配があります。大社の境内はぴんと張りつめた空気ではなく、どちらかといえば温かいものでした。こちらの神々はいくらか重みがあって、人間界の近くに在《ま》しますのかもしれません。

ここからは型通りのやり方で参拝をすませ、無事、稲佐の浜のお土砂も納め、大社のお土

城山稲荷神社ののぼり旗がはためく堀川の橋

小泉八雲が好んでいたというきつねの石像

砂をいただきました。

これで、今回の旅の大きな目的は果たせました。

この後、わたしたちの旅は一畑《いちばた》電車に乗って松江へと移ります。

松江では、小泉八雲が愛したという城山稲荷《じょうざんいなり》神社の石のおきつねさまたちにご挨拶。そして、縁結びの神社として若い女性に人気のある八重垣《やえがき》神社、静けき聖地・神魂《かもす》神社などを回りました。

ほとんどを公共の乗り物と徒歩でゆく、わたしたちの旅は、時間がかかって大変です。なにしろ、地方のバスは一時間に一、二本、ところによっては日に数本ということも珍しくはないのですから。

観光案内所で教えてもらった八重垣神社から神魂神社への約一・六キロの道も、わたしたちにとっては予想以上に距離が感じられて、難儀しました。帰りのバスの時間も気になるところでした。ひとつ逃したら、ひどいことになってしまうのです。

けれども今回の旅では、この神魂神社は絶対にはずすことのできないパワースポットです。ここは、本当に神の鎮まる特別の場所でした。

時空を超えたパワースポットめぐり

振り返ってみると、わたしのパワースポット散歩（旅行）も、ささやかながら、そこここに足跡を残しています。

もともと腰が重いのであちこちとび回ることはありませんが、せっかく「気」のよいところに出かけた時には、しっかりと心に止めておきたいと思っています。そこで、わたしは忘れないように、なるべく記録に残しておくようにしています。

それが後々、とても役に立つのです。もちろん、写真に撮っておくことも記録として大きな力になるでしょう。

大体、散歩にしても旅行にしても、後になってみるとはっきりと心に残っているものと、そうでないものとがあります。後で記録を読み返してみて、自分で、エーッ、そんなものも見たのかな⁉ と、意外に思うこともあります。自分が見たり聞いたりしたことなのに、ほとんど覚えていないこともあるのです。

わたしの場合、効率のよいパックツアーはあわただしくて、あまり記憶に残らないのです。

また、車で効率よく何箇所ものパワースポットを一気に回る旅行も、あまり記憶に残りません。

しかしだからといって、そういう旅行が悪いというのではありません。

わたしはある時、熊野三山《くまのさんざん》（熊野本宮大社《くまのほんぐうたいしゃ》、熊野那智大社《くまのなちたいしゃ》、熊野速玉大社《くまのはやたまたいしゃ》）をめぐるパックツァーに参加したことがありました。

これは、楽でした。自分で計画を立てることもなく、時刻表を見て電車やバスの時間の調整に気をつかう必要もありません。目的地のすぐ近くまで、バスで連れて行ってもらえます。

個人旅行だったら、こんなに効率よく三山をめぐることは絶対にできません。

その旅行から帰って、わたしは思いました。今度は、もう一度ゆっくりと、できれば本当に方位のよい時に自分の足で熊野方面に出かけてみよう、と。

パックツァーは、いってみれば本番の下見のような感覚です。それでよいのではないでしょうか。こうして下見をしておけば、次に個人で行った時にはさらに深く味わうことができます。大体わたしは、気にいったところは何度でも訪れることが好きです。お任せコースのパックツァーで訪れた神社の記憶の断片を、次の参拝の旅へとつなげていくことも楽しいことです。

神社に限らず、いろいろな場所をたくさんめぐって、自分と相性のよい場所、すなわち自分にとってのパワースポットを見つけることは、宝探しのようなものです。

パワースポットめぐりも神社めぐりも、もちろん数が多ければよいというものではありません。たとえば、ご朱印などを集め始めると、スタンプラリーのように数を集めたくなってくるのでしょう。それはそれで、ひとつの楽しみ方だとは思いますが、わたしは何によらず、数を集めることに興味はありません。

お参りした神社で、ご朱印をいただくこともしません。ただ、たまたまパックツァーで参拝した熊野本宮大社で参加者全員、ご朱印をいただいたことがありました。

わたしはとてもうれしく、そのご朱印は今でも家にお祀りしています。自然の流れで自分のもとにご朱印がやってきた、ということがありがたく、うれしいのです。（パックツァーには、こうした貴重なおまけがつくことも多く、これは捨てがたい魅力です）

わたしは、神社や寺院のお守りなどの授与品も、あまりいただくことはしません。特別にご縁を感じた折に、たまにお守りをいただくことはありますが。

パワースポットの歩き方も詰まるところ人それぞれですが、ご朱印を集めている方は、その方にとってはそれが必要なのでしょう。いただいたご朱印は、大切になさってください。ご朱印にはとても力があって、強力なお守りになるものです。

ここで、旅先の記録ということに話を戻しますが、世の中には、記録ということにまったくこだわらない人もいます。

スマートフォンが日本中を席巻している現在、日常的に写真を撮らないという人はむしろ珍しいかもしれませんが、旅先ではあえて多くの写真を撮らない、という人もたまにはいます。写真など撮らずに、じっくりと現地を自分の目で見ながら旅を楽しめばよいではないか、という考え方のようです。

なるほど、と思います。本当はそれでよいのかもしれませんね。たとえば、旅先できれいな景色を見て、その時心にわきあがった感動は、その記憶が消えてしまったとしても、実は意識の底に残って、その人の魂の糧となっているのかもしれません。

とはいっても、わたしにとって記録はやはり大切です。写真はあまり撮りませんが、文字による記録を残そうと考えます。

たしかに、記録は役に立つのです。そのことについて、ここでお話ししましょう。

記録をもとにお伊勢参りを「追体験」する

わたしの場合、旅行やパワースポット散歩の記録は、なるべく詳しく残しておきます。

行った場所、見たもの、聞いたこと、食べたものなどについて、具体的に書いておきます。しかし、それがきれいだったとか、いやだったとか、おいしい、まずい……など、感想めいたことはあまり重要ではありません。なぜなら、体験した事実を思い出せば、その時の感情や「よい、悪い」という思いは自然に甦ってくるからです。

カギとなるキーワードが正確に記されていればよいのです。

その意味で、写真も役に立ちます。写真は、芸術写真である必要はありません。その場所が、それとわかるように、はっきりと写っていればよいのです。それが引き金となって、その時の気分が呼び覚まされるということが重要です。

そして、何をするかというと、旅の記録をたどることによって記憶を鮮明にし、もう一度、自分自身の旅を「追体験《ついたいけん》」してみるのです。

たとえば、深い秋。伊勢神宮についての記録から——。

「日の出前の鳥居のもとには、すでに多くの観光客が……」

とあれば、すぐに、その時のことを思い出せます。瞬時にして、旅のその時へとタイムスリップします。

わたしの想いの世界では、もう一度、お伊勢さまへの旅が始まります。日の出を仰ぎ、五十鈴川《いすずがわ》に架かる木橋を渡って、内宮を歩き始めます。空気はからりと軽く、ぴんと張りつめています。自然に、わたしの気持ちもキュッと引き締まります。

次の記述に、

「この日は、ちょうど朔日参り《ついたちまい》で……」

とあります。

そうです、この旅はちょうど一日に当たっていたのです。これは、偶然でした。

「お伊勢さん」の周辺では、昔から、毎月一日の早朝にお参りする「朔日参り」というならわしがあるのです。ひと月を無事にすごせたことに感謝し、新しい月の無事を祈るのだそうです。

それで、この日は夜明け前から、境内近くのお菓子屋さんなどが、にぎわっているのでした。つづいて、

「朝八時。正宮前で、白い神馬《しんめ》の参拝を拝見」

という記述です。

そうそう、この日は一日でしたから、一のつく日（一日、十一日、二十一日）の特別の行事があるのでした。神馬が神職の方に手綱を引かれて、参道を通り、ご正宮前でお参りをするという神宮伝統の行事です。

こうして記録を読み返すことによって、その時、自分が体験したことともに、神宮の澄んだ空気や巨木の姿がはっきりと甦《よみがえ》ってきます。

わたしはここで、実際に神宮を参拝した日に立ち戻って、再び神宮を参拝することができます。想念の世界には、時間や空間の制約がありませんから、いつでも即座に、行きたいところに行けるのです。こうして、望む時に何回でもお伊勢参りができます。

こうした心のテクニックを使う際には、思うところをはっきりと、いきいきと映像にし、実際に「今、ここに自分はいるのだ」という感覚の中にひたりきることがコツとなります。これは、簡単で力強い瞑想法のひとつだといってもよいでしょう。

そのために、記録が大事だというわけです。

ではここで、皆さまにも実際にこの方法で、離れた場所のパワーをもらう体験をしていただきましょう。

心の世界でパワースポットに行ってみる

まず、あなたが今までに行ったことのある場所で一番気にいっている場所、行くと元気のでる場所、癒される場所を心に思い描いてください。もう一度行ってみたいと思っているところでもよいでしょう。

その場所のありさまを、できるだけはっきりと、ありありと映像にしてみてください。

この作業は、目を閉じて行うとやりやすいです。

そうして、香りや音も感じてみてください。

たとえば、こんなふうに――。


あなたは今、心の世界で、木々が豊かに茂った公園を歩いています。そこは、実際にあなたが何度か行ったことがあって、行くとホッとする場所です。

想いの世界で、つづけます。

初夏の森林。

若緑に萌える梢。

木々の息吹。

木漏れ日。

小鳥のさえずり。

頬をなでる風の感触。

萌えたつ若葉の香り。

……あなたは、そこに身をゆだねて、その場の「気」をすべて感じています。

さあ、歩きながら呼吸にのせて、そのすべてを自分のなかにとりこんでいきましょう。ゆっくりと、深い、静かな呼吸を、少しのあいだつづけましょう。

——いかがでしたか。

あなたは今、時空を超えた世界の旅をしてきたのです。想いの世界で、かつて行ったことのあった、気持ちのよい公園の森を散歩して、その場の「気」をいただいてきたのです。

そこが、あなたにとってパワースポットであったなら、きっと、心身の疲れが癒され、新たなエネルギーがチャージされたことを実感されたことでしょう。

こうして、あなたはいつでも、何度でも、自分のパワースポットに行くことができるのです。

お気にいりのパワースポットがたくさんある人は、それだけ、想いの世界でも多彩なパワースポット散歩が楽しめます。

二章——気学祐気法をマスターする

本章（81～112ページ）は、気学の基本についての説明です。いってみれば、教室内での「気学講座」のようなものです。

パワースポット散歩は、もちろん、外に出て歩いてこそのものですが、気学に初めて触れる方、また、初めてではなくても復習をしたいという方は、少しがまんをして、この書中の「講座」に目を通してみてください。

わたしは以前、自宅でささやかな「気学教室」を開いていました。小さな部屋で、マンツーマンの講座でしたから、生徒さんも居眠りはできませんでした。最後まで忍耐強く講座につき合ってくださった生徒さんは、きっと今では折にふれてパワースポット散歩を楽しんでおられることでしょう。

何事も基本は大切です。しかし、すでに気学を学んでいて、各種九星盤の見方がわかる、という方は本章の「教室」から飛び出して、「三章」に進んでも結構です。

方位を味方につけた開運法

場所がもつエネルギーを体感する

本書は、パワースポットを歩きながら楽しくツキを呼び込んでいくためのガイドブックといえますが、その根拠となっている理論は、気学のなかでも「方位学」といわれている分野です。

前にもお話ししたように、方位学には「祐気法《ゆうきほう》」という、人が旅行などで動くことによってあらわれる方位の吉凶を利用した開運法があります。暦を調べて、自分にとってよい星がめぐってきた時に、その方位に旅行をしたり、時には神社でお土砂《すな》をいただくなどして、よい「気」を呼び込み、開運をはかる方法です。

まったく方位の吉凶を考えずに、気軽に神社などのパワースポットをめぐっても、もちろんお力はいただけるわけですが、そこに気学の祐気法を組み合わせてみたら……それは、すばらしい効果がもたらされることは、まちがいありません。祐気法とは、方位を味方につけた開運法なのです。

ただ、祐気取りを実行するに当たっては、自分の生まれ星（本命星《ほんめいせい》）を知っていることはもちろん、暦を見て、年、月、日、場合によっては時間の星を調べる必要があります。また、お土砂取りの場合などは、天候次第では当日になって中止せざるを得ない場合もあります。

そうしたことを考えると祐気取り、特にお土砂取りは開運法としてのハードルはやや高く、しかも、いくらかマニアックな方法かもしれません。けれども、それだけにやり甲斐もあり、実際に効果も大きいのです。

祐気取りは、わたしたちの日常生活のなかにおりこまれた、ちょっとした非日常的な行動です。

それはまた、応用次第では旅行やハイキングを兼ねて行えるという楽しさがあります。自分の生年月日から割り出された吉方位は、すなわち自分のために特化されたパワースポットです。そこへ旅行をして雄大な景色を堪能《たんのう》したり、温泉につかったり、地元の特産物を食べたりすることで、心身に自然によい気が取り込まれていくのです。

こうした吉方位への旅行や散歩は、回を重ねていくうちに自分と相性のよい神社や場所が自然に体感できるようになるという、思いがけない気づきもあります。知らないうちに、場所がもつエネルギーに対する感度が研ぎ澄まされてゆくのです。

さらにもう一歩踏み込んで、お土砂取りともなると、ちょっと古風な「呪《まじな》い」のようにも思われますが、多忙をきわめる現代人にとって、それは「生活のスパイス」ともなるのではないでしょうか。

そして何より、祐気取りのよいところは、本人にやる気さえあれば、誰もが経済的にも時間的にも、大きな負担なく行うことのできる有効な開運法だということです。

さっそく、開運のための「気学祐気法」の用い方について見ていきましょう。

「お土砂取り」の封印と解禁

人間には、それぞれ生まれつき定められた先天運がありますが、祐気法では、方位の使い方によって後天的に運を開く方法を教えています。いつ、どの方位へ行けば望む未来を手に入れることができるのかを教えてくれるのです。

ただ、今回公開する祐気取りの方法は、わたしが過去の著作（『開運気学』など）で述べたそれとは、少し違う部分もあります。

神社などでお土砂をいただくという方法が紹介されており、そのために、年、月、日の星にくわえて、時間の星までもいれた祐気取りについても書かれているのです。年、月、日、時間の四盤（四つの九星盤）を用いた吉方取りです。

お土砂取りは、気学のなかでも秘伝級の開運法です。初めて気学（祐気取り）を実践してみよう、という人には煩雑で、めんどうくさい作業であるかもしれません。

本書は、楽しくパワースポットをめぐりながらツキを呼び込んでいこう、という主旨で書かれていますから、最初からお土砂取りをしようと意気込む必要はありません。

ではなぜ、そんなにめんどうな開運法を本書で公開したのかというと、暦になじみ、方位を使いこなせるようになってくると、どこかの時点で、お土砂取りを実行してみたくなる人がとても多いからなのです。

すでに本書で書いてきたように、まずはじめは、ただ近所の散歩をしてみる。ちょっと立ち止まって、場の雰囲気を感じようと意識してみる。そうした散歩に慣れてきたら、暦（本書の「九星循環表」）で調べて、吉方位へ行ってみるのです。そして、場の空気感、気配をよく吟味してみる……と、こんなことをくり返して、散歩や旅を楽しんでください。

本当に効果のあるお土砂取りをしてみたい、そのような想いが自然に醸しだされるまで、その実行は「封印」しておくのもよいかもしれません。

いずれ、お土砂取りを「解禁」、実行された時、祐気取りの奥深さ、幅の広さがより一層感じられて、ますます気学を実際に使うことのおもしろ味を理解されることでしょう。

気学（方位学）の基本

九星盤とあなたの本命星

気学は「九星術」の仲間であり、九つの星を用いて現象界のすべてを解き明かしていく占術です。つまり、現象界を九つの要素に分けて、それを九星としてあらわしているのです。

その星とは、一白水星《いっぱくすいせい》、二黒土星《じこくどせい》、三碧木星《さんぺきもくせい》、四緑木星《しろくもくせい》、五黄土星《ごおうどせい》、六白金星《ろっぱくきんせい》、七赤金星《しちせききんせい》、

定位盤（九星盤）

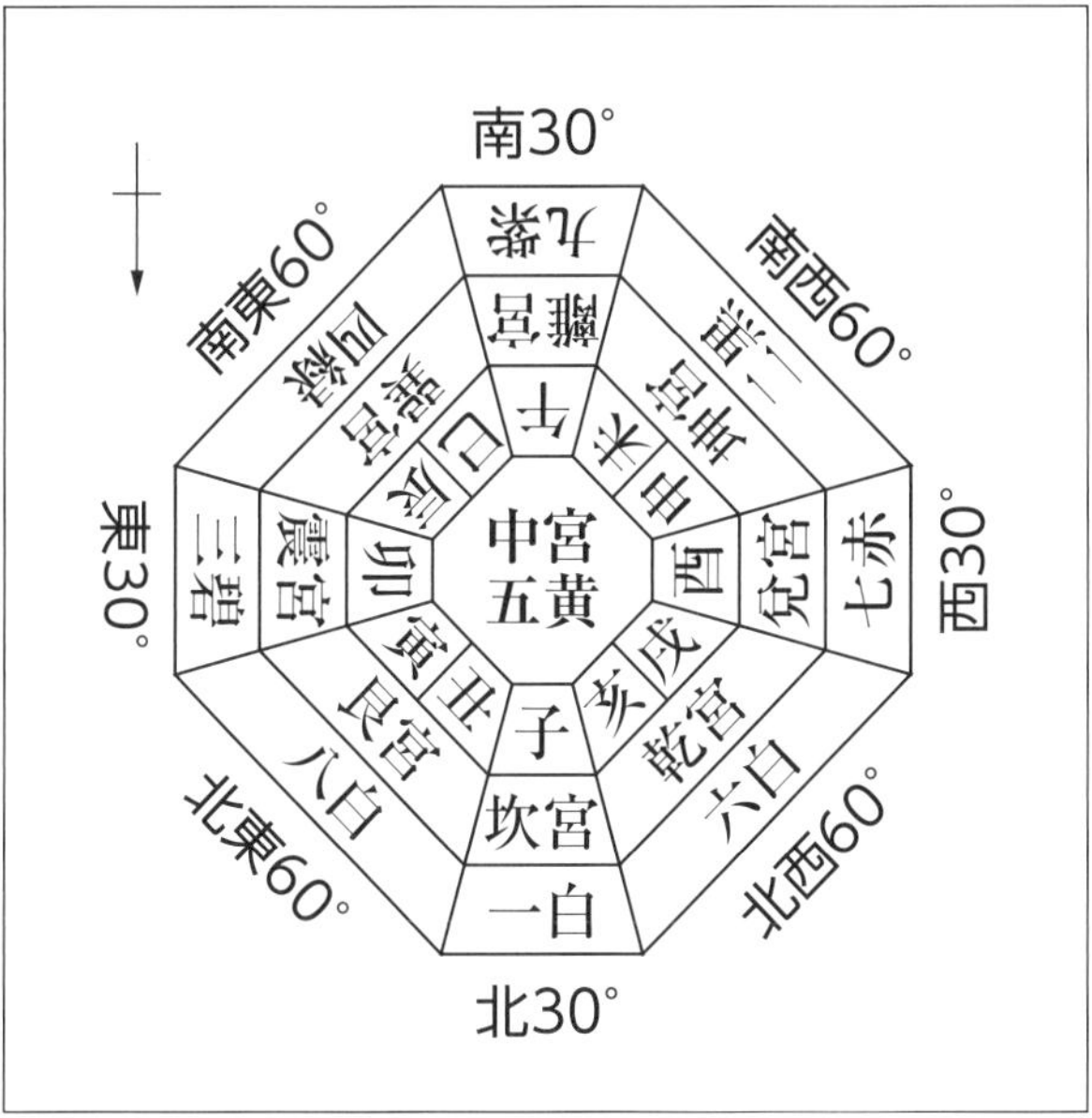

八白土星《はっぱくどせい》、九紫火星《きゅうしかせい》の九種類です。

こうして、気学においてはこの世の現象はすべて九つの星に分類されることになります。

もちろん、人間も例外ではありません。人は誰しも、これらの星のいずれかを背負って生まれてきています。それがどの星かということは生年月日によって決まるのですが、その説明にはいる前に、ここでまず、上の図を見ていただきましょう。

これは、定位盤《じょういばん》とか九星盤《きゅうせいばん》（あるいは、方位盤）といわれるもので、気学の最も基本になる九星の配置をあらわしたものです。この盤のなかには、あなたの運命、さらには現象界のすべてを解き明かすカギが隠されています。

定位盤では、中央の八角形の部分を中宮《ちゅうぐう》とよび、これを囲んで、それぞれ方角をもつ八つの宮があります。

気学では、この八つの宮（方角）を次の言葉であらわしています。乾宮《けんきゅう》（北西）、坎宮《かんきゅう》（北）、艮宮《ごんきゅう》（北東）、震宮《しんきゅう》（東）、巽宮《そんきゅう》（南東）、離宮《りきゅう》（南）、坤宮《こんきゅう》（南西）、兌宮《だきゅう》（西）。これに、方位はないのですが中宮をくわえて、九つの宮となって、いろいろな判断に活用されます。

これらの各宮には前述した九つの星も配分されているのですが、それらの星は毎年、毎月、毎日、毎刻（二時間ごと）、規則正しく循環しています。本書の巻末にある「九星循環表」はこのことをあらわしており、これが一般にいわれる「暦」、カレンダーです。

そして、あなたが生まれた年に、その年の九星盤の中宮にいた星が、あなたの本命星《ほんめいせい》（生まれ星）となります。

先ほど、人は誰しも九星のうちのいずれかを背負って生まれてきている、と書きましたが、それが「本命星」というわけです。

本命星は一生変わらず、生涯あなたとかかわりをもっていく大切な星で、この星の動きによって吉方位を知って開運したり、その年や月の運勢を知ることができます。

また、本命星そのもので、あなたの先天的な運勢や持って生まれた性格を知ることもでき

本命星早見表

あなたの生まれ年	あなたの本命星	あなたの生まれ年	あなたの本命星	あなたの生まれ年	あなたの本命星
昭和⑮	六白金星 辰	昭和44	四緑木星 酉	平成10	二黒土星 寅
16	五黄土星 巳	45	三碧木星 戌	11	一白水星 卯
17	四緑木星 午	46	二黒土星 亥	12	九紫火星 辰
⑱	三碧木星 未	㊼	一白水星 子	13	八白土星 巳
⑲	二黒土星 申	48	九紫火星 丑	14	七赤金星 午
20	一白水星 酉	49	八白土星 寅	15	六白金星 未
21	九紫火星 戌	50	七赤金星 卯	16	五黄土星 申
㉒	八白土星 亥	(51)	六白金星 辰	17	四緑木星 酉
㉓	七赤金星 子	52	五黄土星 巳	18	三碧木星 戌
24	六白金星 丑	53	四緑木星 午	19	二黒土星 亥
25	五黄土星 寅	54	三碧木星 未	20	一白水星 子
㉖	四緑木星 卯	(55)	二黒土星 申	21	九紫火星 丑
㉗	三碧木星 辰	56	一白水星 酉	22	八白土星 寅
28	二黒土星 巳	57	九紫火星 戌	23	七赤金星 卯
29	一白水星 午	58	八白土星 亥	24	六白金星 辰
30	九紫火星 未	(59)	七赤金星 子	25	五黄土星 巳
㉛	八白土星 申	60	六白金星 丑	26	四緑木星 午
32	七赤金星 酉	61	五黄土星 寅	27	三碧木星 未
33	六白金星 戌	62	四緑木星 卯	28	二黒土星 申
34	五黄土星 亥	63	三碧木星 辰	29	一白水星 酉
㉟	四緑木星 子	平成1	二黒土星 巳	30	九紫火星 戌
36	三碧木星 丑	2	一白水星 午	令和1	八白土星 亥
37	二黒土星 寅	3	九紫火星 未	2	七赤金星 子
38	一白水星 卯	4	八白土星 申	※3	六白金星 丑
㊴	九紫火星 辰	5	七赤金星 酉	4	五黄土星 寅
40	八白土星 巳	6	六白金星 戌	5	四緑木星 卯
41	七赤金星 午	7	五黄土星 亥	6	三碧木星 辰
42	六白金星 未	8	四緑木星 子	※7	二黒土星 巳
㊸	五黄土星 申	9	三碧木星 丑	8	一白水星 午

※節分（2月3日、○数字は2月4日、※印数字は2月2日）以前に生まれた人は前年の本命星になります。

※節分を決める節入り日（時刻）の詳細については、『万年暦』や国立天文台による最新の情報をご確認することをおすすめします。

るのです。

89ページの「本命星早見表」は、あなたの生まれ年から本命星がすぐに探し出せるようになっています。

ただし、ここで注意点がひとつあります。

それは、気学が旧暦の一種をもとにした占術であるために、毎年二月の立春をもって年度がわりとする、ということです。したがって、節分以前に生まれた人は前年の本命星になります。

九星はこんな意味をもっている

本書では、主として本命星をもとにした開運散歩（旅）についてお話ししていますが、自分の本命星を知ったならば、234ページから251ページまでの「九星吉方表」を見て、すぐにでも開運散歩に出かけられそうです。吉方位を知りたい日が、いずれの九星であるかさえわかれば、「九星吉方表」を見ることは簡単です。

ですが、ここで気学の知識について、もう少しつめていってみましょう。

再び、定位盤を見ていただきます。

中宮をふくむ九つの宮には、それぞれ九星が配分されていますが、それら九星は、ひとつひとつ固有の意味、象意をもっています。

ここでは開運散歩の助けとなるよう、九星それぞれの象意のうち、基本的なものをあげてみます。

一白水星……易《えき》の「坎《かん》」の卦《け》から生じたもので、「水」をあらわす

〈場所〉海、川、滝など流水のあるところ　風呂屋　地下室　裏口　病院　寒い場所　夜の酒場

〈天象〉雨　雪　冷気　月光　深夜

〈食物〉酒類　牛乳　清涼飲料　漬物　生魚　のり　塩からいもの

〈その他〉水鳥　ふくろう　ホームレス

二黒土星……易の「坤《こん》」の卦から生じたもので、「地」をあらわす

〈場所〉平地　田畑　農家　埋立地　墓地　古家　本籍地　押入れ　町工場

〈天象〉くもり空　穏やかな日

〈食物〉米、麦など穀類　餅　おでん

〈その他〉中古品　土製品　敷物類　布類

三碧木星……易の「震《しん》」の卦から生じたもので、「雷」をあらわす
〈場所〉発電所　電気店　放送局　音楽室　ライブ会場　演説会場　楽器店　青果市場
　植木市場　森林　庭園
〈天象〉雷　稲妻　竜巻　噴火　夕立
〈食物〉サラダ　野菜料理　柑橘類　梅干し　酢のもの　すし
〈その他〉鈴　楽器　盆栽　鈴虫　カナリア　蛍　うそつき　声のよい人

四緑木星……易の「巽《そん》」の卦から生じたもので、「風」をあらわす
〈場所〉飛行場　船着場　郵便局　神社　材木置場　並木道　道路
〈天象〉風
〈食物〉パスタ　めん類　ハーブ類　くん製　うなぎ
〈その他〉木工品　扇風機　毛髪　手紙　鳥居　香りのよいもの　蛇　鳥類　旅人

五黄土星……易の卦にはない、特殊な星
〈場所〉原野　不毛地　墓地　火葬場　戦場の跡　事故災害現場　廃墟　ゴミ屋敷

〈天象〉台風　病虫害　天変地異すべて
〈食物〉腐ったもの　食べ残り　納豆・味噌など発酵食品　珍味　ジャンクフード
〈その他〉古道具　いわくつきの品物　壊れ物　珍品　毒虫　毒草

六白金星……易の「乾《けん》」の卦から生じたもので、「天」をあらわす
〈場所〉神社仏閣　博物館　景勝地　競技場　官公庁　山の手　中心地　大建造物　大劇場　高級住宅街
〈天象〉晴天　青空
〈食物〉果実類　高級食品全般
〈その他〉金　銀　宝石　鏡　飛行機　電車　車　時計　機械類　神棚　薬草　財布　バッグ　帽子

七赤金星……易の「兌《だ》」の卦から生じたもので、「沢」をあらわす
〈場所〉飲食店　バー　スナック　窪地　水たまり　湖沼　井戸　切り通し　遊技場　宴会場　女の子の多く集まる場所
〈天象〉日没　露　星

〈食物〉甘い飲み物　しるこ　チキン　玉子料理
〈その他〉刃物　医療機器　玩具　キズのある物　沼沢地《しょうたくち》の草花

八白土星……易の「艮《ごん》」の卦から生じたもので、「山」をあらわす
〈場所〉山　階段　旅館　倉庫　停車場　行き止まりの家　交差点　橋　トンネル　門
休憩所　堤防　ビル　銀行　山寺　土蔵
〈天象〉天候の変化　嵐
〈食物〉牛肉　魚卵類　かまぼこ　高級菓子
〈その他〉家具　重箱　山伏《やまぶし》　親戚　きょうだい

九紫火星……易の「離《り》」の卦から生じたもので、「火」をあらわす
〈場所〉劇場　宴会場　華やかな場所　官公庁　交番　映画館　書店　美容院　火事場
学校　灯台
〈天象〉晴天　暑気　虹
〈食物〉乾物　干物　色のきれいな食品　赤飯　インスタ映えする食品
〈その他〉花すべて　榊　文書　証書　地図　書画　アクセサリー　書籍　孔雀　インコ

観賞魚

「方位学」が明かす大凶殺方位

気学のなかでも「方位学」といわれる分野は、開運行動学です。よい方位に動くことによって運を開いていくのです。もちろん、これからあなたが実行される開運散歩（旅）や祐気取りも、決められた時に決められた方位に移動することが基本となります。

ところで、気学では人が動くに当たって用いてはならない方位を定めています。それが次にあげる「大凶殺方位」で、それを犯すと思わぬ失敗や災難にみまわれることになります。

それは、五黄殺《ごおうさつ》、暗剣殺《あんけんさつ》、破《は》（歳破《さいは》、月破《げっぱ》、日破《にっぱ》、時破《じは》）、本命殺《ほんめいさつ》、本命的殺《ほんめいてきさつ》、定位対冲《じょういたいちゅう》（吉方位としても使える方位）です。

この他、基本的に星同士がもつ五行《ごぎょう》の相性が悪い場合の凶方位がありますが、本書においては本命星別に「九星吉方表」（234ページ〜）を掲載していますから、あなた自身の吉方位を見つければ問題はありません。

ただし、「破」の凶方位に関しては注意が必要です。「九星吉方表」で「吉の方位」となっていても、「破」がつけば凶方位となって用いることはできません。

「破」は十二支の正反対につく凶方位なので、それぞれの年、月、日、時間によって異なり

破の方位表

十二支	破の方位
子の年・月・日・時間	南 30°
丑の年・月・日・時間	南西 60°
寅の年・月・日・時間	南西 60°
卯の年・月・日・時間	西 30°
辰の年・月・日・時間	北西 60°
巳の年・月・日・時間	北西 60°
午の年・月・日・時間	北 30°
未の年・月・日・時間	北東 60°
申の年・月・日・時間	北東 60°
酉の年・月・日・時間	東 30°
戌の年・月・日・時間	南東 60°
亥の年・月・日・時間	南東 60°

ます。そのため「九星吉方表」に示すことができません。

上に「破の方位表」を掲載しましたので、そのつど確認してください。

五黄殺——

九星盤（年盤、月盤、日盤、時盤）上で五黄土星が回座した方位。本命星のいかんにかかわらず、万人共通の凶方位です。この方位を用いると、五黄土星の腐敗・破壊作用によって、自ら不幸や失敗を招くようなことになります。

暗剣殺——

九星盤上で、五黄土星が回座し

ている正反対の方位。この方位も、万人共通の凶方位です。
五黄殺の方位が自動的に災難をひきおこすのに対して、暗剣殺は他動的な災難をつかさどります。

破（歳破、月破、日破、時破）——

九星盤上で、その年（月、日、時間）の十二支の正反対の方位。この方位も万人共通の凶方位です。

破は、すべてに破れをきたす作用をします。たとえば商取り引きや縁談が破談になったり、健康面に問題がでてきます。

「破の方位表」（96ページ）によって、確認してください。

本命殺——

九星盤上で、自分の本命星が回座した方位。本命殺は、主に健康面に打撃を与える凶方位です。

本命的殺——

九星盤上で、自分の本命星が回座した正反対の方位。本命的殺は、主に精神面に打撃を与える凶方位です。

定位対冲——（「大凶殺方位」とまではいえないが、要注意の方位）

定位盤の位置の正反対に星が回座した時、その方位を定位対沖といいます。たとえば、定位盤上では一白水星は北にいます。ところが、六白金星が中宮に回座する年（月・日・時間）は、この一白水星が北の正反対である南に回座します。この時、南は定位対沖の凶方位となります。ただし、定位対沖は凶方位とはいっても、悪いばかりではなく、用い方次第では起死回生の力強い吉方位ともなります。吉凶ともに激しい作用のある方位です。

正しい方位の取り方——正確な地図を用意する

ここで、気学によるパワースポット散歩（旅）をするに当たっての吉方位の取り方についてお話しします。

これまでにお話ししてきた気学の九星盤は、そのまま方位盤となりますから、方位の分解もまったく同様です。

方位盤のそれぞれの方位の分解は、東西南北は各三十度、北東、南東、南西、北西は各六十度に定められています。そして十二支は、各三十度ずつに配されています。（方位盤の図参照）

たとえば、南の吉方位といったら、南の三十度の範囲内の方位をいいます。

ただし、一般の地図は北を上にして作られていますが、気学の方位盤は北が下にきています。この点は、特にまちがえないように注意してください。

開運散歩（旅）をするに当たっての方位の決定には、まず正確な、わかりやすい地図を用意してください。近場の散歩でしたら、書店で売られている自分の居住地の市内全図、もう少し足をのばしたいなら都道府県内全図、国内旅行となれば国内全図……というように使いわけます。（自宅の地点と散歩の目的地が一枚の地図上に収まっているものが使いやすいです）

方位を取る場合の中心は、ふつう自宅です。地図上の自宅の地点に印をつけて、そこから北を示すケイをひきます。（北は、地図に示されているとおり、真北《しんぽく》を用います）

このケイを中心として左右十五度ずつの三十度の範囲を決めます。さらに、他の方位についてもそれぞれの角度を割りふりしていきます。（101ページ「方位盤」の図参照）

簡単な方法として、本書の方位盤の図をトレーシングペーパーなどに写し、それを地図上にのせてみる、というやり方もおすすめです。

地図上に、自宅の地点を中心として八方位のケイをひいておくと、いつでも見られるので便利です。

実際に吉方位を使ってみる

吉方位を効果的に用いるために

一般的に気学では、よい出会いを求めるなどの開運のためや、旅行を楽しくしたり、よい買い物をするために吉方位を使う場合、次のような約束事を定めています。

・日帰りの外出や、小さな交渉事の場合は、日盤（その日の九星盤）の吉方位を使う。

・五日以内の旅行や、仕事上のやや重要な交渉事の場合は、月盤（その月の九星盤）と日盤両方が吉方位になる日を選ぶ。

・五日以上の旅行や移転、開業、仕事ではその内容が何年にもわたって継続すると考えられる場合、人生上の大きな交渉事などの場合は、年盤（その年の九星盤）と月盤両方が吉方位になる日を選ぶ。旅行の場合は、日盤も吉方位であることが望ましい。

パワースポットを歩くことについても、まずは、この決まりを基準に考えます。

そこで、最もやりやすい方法として、日盤の吉方位だけを使った近所の公園の散歩、氏神さま参り、買い物、ランチやお茶をする……などから始めてみたらよいと思います。

方位盤（自宅を中心とした方位の取り方）

自宅から吉方位を探す場合は、
自宅を中心として正確な八方位をだし、
吉方位を決定する。

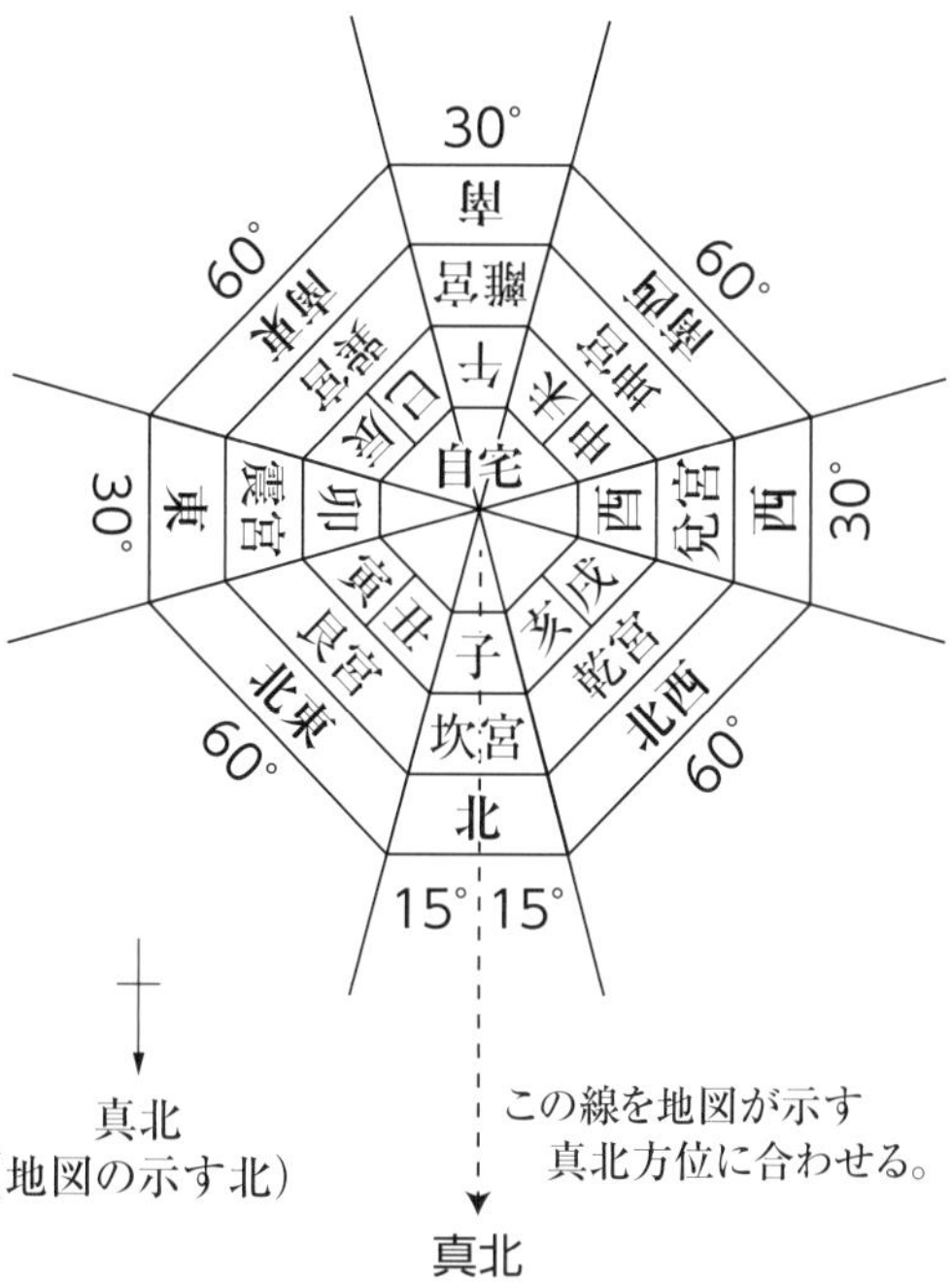

こうした散歩は、自分のペースで行うのがよく、人によっては「ウォーキング」と組み合わせてもよいし、歩数計で計測しながら歩くことも楽しいものです。それは同時に、自分の健康管理にもつながります。

このやり方に慣れてきたら、月盤の吉方位をくわえてみてください。月盤と日盤の吉方位を重ねて、少し遠出をするのも気分転換によいものです。

とはいえ、日盤だけの時とは違い、吉方位の選択肢がずいぶん少なくなったことに気づかれるでしょう。

さらに暦（九星循環表）と九星盤になじんできたら、年盤をくわえてみてください。用いる方位として、年盤、月盤、日盤ともに吉方位でそろえるのです。

……さて、いかがでしょうか。吉方位を探すのはひと苦労ですね。

吉方位というものは、非常に少ないものなのです。だからこそ、多くの気学愛好家たちは、日ごろから暦をよく見て、よい日がめぐってくるのを気長に待っているのです。

お気にいりの公園や心ひかれる神社、一度行ってみたいと思っている場所などが吉方位に当たっている時は、それこそチャンスです。

吉方位を見つけるための手順

①…巻末の「九星循環表」(暦) によって、用いたい年や月や日の中宮星を見つけます。

②…巻末の「九星吉方表」の自分の本命星のページを見て、①で見つけた中宮星の盤を探し出します。これで、この年や月や日に使うことのできる吉方位と回座星とがすぐにわかります。表中の薄アミがかかった宮が吉方位です。

(例) 日にちの吉方位を見つける

本命星四緑木星の人が令和四年十月に、日にちだけの吉方位を見つける場合です。

巻末の「九星循環表」(暦) の令和四年十月の部分を見ます。

まず、十月節は八日からですから、八日以降十一月の節入り前日の六日までの期間が十月に該当します。

十月八日は「九紫午」の日です。

次に、巻末の「九星吉方表」の四緑木星のページを見ます。そして、九つの九星盤のなかから、中宮星が九紫火星のものを探し出します。

これで、十月八日の吉方位は北西 (乾宮) と北東 (艮宮) だということがわかります。

十月九日以降も十一月六日まで、一日ずつ同様に、日盤の吉方位を見つけることができます。

では、この方法を使って、さっそく開運散歩に出かけてみましょう。

（例）開運散歩に出かけてみる……Aさんの場合

Aさん〈生年月日・平成九年五月十日〉〈現住所　東京都新宿区〉〈開運散歩に出かける日・令和四年五月九日

▼開運散歩をするためには、まず自分の本命星を知る必要があります。89ページ「本命星早見表」を見ると、Aさんの本命星は三碧木星です。▼散歩に行くことにした日は、令和四年五月九日。巻末の「九星循環表」によって、「二黒戌」の日だということがわかります。▼次に巻末の「九星吉方表　本命星・三碧木星」のページから、散歩当日である「二黒中宮」の盤を見つけます。この盤から、二黒中宮の日は、西と東が吉方位であることがわかります。▼ここで、東京都の地図を見ます。地図上の自宅の地点を中心として八方位を割り出して、吉方位の西と東のうち、どちらかを選びます。

さて、地図を見ると西の範囲には武蔵野市が入っています。Aさんは以前から武蔵野市の吉祥寺駅周辺の商店街が気になっていたので、今回はそこに行ってみることに決めました。

西の吉方位、回座星は四緑木星です。西はお小遣いと愛に恵まれる方位、四緑木星はあらゆるよいご縁を招きよせてくれる星です。

次に、泊まりがけの開運旅行の場合には日盤と同時に、月盤も吉方位にしてみたいものです。その場合には、まず月盤の吉方位を調べます。日にちは、月盤中宮星と同じ九星が中宮に回った日を見つけるのが簡単なやり方です。

年盤も吉方位でそろえる場合には、まず年盤の吉方位を調べます。年盤の吉方位に合わせて、月盤、日盤も吉方位を出していきます。

注意：いずれの場合も、「九星吉方表」には示すことのできない「破」の凶方位には注意してください。必ず「破の方位表」で、そのつど調べるようにしてください。

お土砂取りの実際

気学祐気法のなかでもお土砂取りは、吉方転居などと違って「呪《まじな》い」の色合いの強いものです。ですから、一般に行われている祐気取りなどとくらべて、方位の取り方や時間についての考え方にも違いがあります。

気学では、その方位効果は遠くへ行けば行くほど、また長時間止《とど》まれば止まるほど大きくあらわれてくる、といわれています。ですから、旅行などよりも遠方への転居のほうが、方位効果が高いというわけです。

しかし、お土砂取りは必ずしもそういうことではありません。お土砂取りは、距離を大きくとらず、短時間で完了させることで強い効果の得られる、一種の「術《じゅつ》」といえるものです。お土砂取りは、年、月、日、時間の四つの九星盤で吉方位となる方位で行います。そして、本来は時間盤（時間の九星盤）が重要です。

それは気学の秘伝ではありますが、自分の生活圏内で行える開運法であり、やる気さえあれば誰にでも可能な方法です。

お土砂取りの手順

①…暦（九星循環表）を調べて、年、月、日がすべて吉方となる方位を探し出します。（103ページ「吉方位を見つけるための手順」参照）

これで、お土砂取りを行う方位と年、月、日が決まりました。ここで、その方位の範囲内にある神社など採土場所を決めます。

②…時間も吉方位にするために、①で決まった日にちから時盤（時間の九星盤）を出して、

吉方位になる時間を見つけます。

時盤を出すためには、110ページの「時間の九星表」が必要になります。その表で調べて、吉方位に当たる時間を決定します。

「時間の九星表」の見方

時盤とは時間の九星盤のことですが、時間も年、月、日と同じように、それぞれの時間に各方位に九星がめぐっています。

ただし、気学で用いる時間は一刻が二時間。時間の九星は、二時間きざみで動いているのです。たとえば「子の刻」といえば夜中の十一時から一時までの二時間です。

110ページの「時間の九星表」を見てください。これは、各時間の中宮星（九星）を一覧表にしたものです。

表を見ると、中央あたりで左右に分かれていて、それぞれ「陽遁期《ようとんき》」「陰遁期《いんとんき》」となっています。陽遁期とは、暦上で九星が一白、二黒、三碧……と、ひとつずつ順めぐりに数を増やしていく期間で、陰遁期とは九星が九紫、八白、七赤……と、ひとつずつ逆めぐりに数を減らしていく期間です。（陽遁期は日脚がのびていく時期で、陰遁期は日脚が短くなっていく時期です）

そして、陽遁期と陰遁期とでは、時間の九星の配列が異なるので、双方の表が必要なのです。

したがって、「時間の九星表」から知りたい日の時間の中宮星を探すためには、まず、その「知りたい日」が、陽遁期か陰遁期かを知らなければなりません。

巻末の「九星循環表（暦）」を見れば、「知りたい日」が陽遁期か陰遁期かすぐにわかります。

そして、もうひとつ。「知りたい日」が、十二支の何の日であるかを調べる必要があります。

「時間の九星表」を読むためには、この二つのことが必要なのです。

・その日が、陽遁期か陰遁期か。

・その日の十二支は何か。

これがわかれば、「時間の九星表」はすぐに読めます。

再び「時間の九星表」を見てください。

たとえば、調べたい日が「陽遁期」であり、その日が子《ね》、卯《う》、午《うま》、酉《とり》のいずれかの十二支であった場合には、子の刻（二十三時〜一時）の中宮星は一白水星ということです。

以下、この日の中宮星は、丑《うし》の刻は二黒、寅《とら》の刻は三碧……とつづきます。

また、たとえば、調べたい日が「陰遁期」であり、その日が子、卯、午、酉のいずれかの十二支であった場合には、子の刻の中宮星は九紫火星ということです。

自宅生活圏内で行う、お土砂取りの準備とその後（お土砂の活用法）

お土砂取りに出かける場所と時間とが決まったら、採土の時間は正確にしたいものです。お土砂取りを行う場合の時間は、自然時（それぞれの地点における太陽の位置による時間）を用います。そこで、日本標準時を自然時に修正しなければなりません。

111ページの「時差修正表」によって、各自の住所から自然時に修正してください。

たとえば、東京に自宅があるのでしたら「＋19分」。つまり、時報が正午を告げた時、自然時はすでに12時19分過ぎ、ということです。お土砂取りは自然時で、二時間の刻限内に行います。

お土砂取りに際しては、清潔なシャベル、いただいたお土砂を入れるためのポリ袋をもっていきます。

神社でいただく場合は、採土の前に拝殿でご挨拶をします。神社の方にもご挨拶をします。

採土の場所は、境内でなるべく人の踏まない清浄な地面を探します。

地面の表面の土をシャベルで軽くよけます。

「二十五〜三十センチほど掘る」と古い書物には書かれていますが、これは実際にやってみると大変です。わたしはそこまでは掘りません。それで大丈夫です。

時間の九星表

日の十二支 / 時間	陽遁期			陰遁期		
	子卯午酉	丑辰未戌	寅巳申亥	子卯午酉	丑辰未戌	寅巳申亥
子の刻 23:00～1:00	一白	四緑	七赤	九紫	六白	三碧
丑の刻 1:00～3:00	二黒	五黄	八白	八白	五黄	二黒
寅の刻 3:00～5:00	三碧	六白	九紫	七赤	四緑	一白
卯の刻 5:00～7:00	四緑	七赤	一白	六白	三碧	九紫
辰の刻 7:00～9:00	五黄	八白	二黒	五黄	二黒	八白
巳の刻 9:00～11:00	六白	九紫	三碧	四緑	一白	七赤
午の刻 11:00～13:00	七赤	一白	四緑	三碧	九紫	六白
未の刻 13:00～15:00	八白	二黒	五黄	二黒	八白	五黄
申の刻 15:00～17:00	九紫	三碧	六白	一白	七赤	四緑
酉の刻 17:00～19:00	一白	四緑	七赤	九紫	六白	三碧
戌の刻 19:00～21:00	二黒	五黄	八白	八白	五黄	二黒
亥の刻 21:00～23:00	三碧	六白	九紫	七赤	四緑	一白

時差修正表

都市名	時　差
札　幌	＋25分
函　館	＋23分
旭　川	＋29分
釧　路	＋38分
青　森	＋23分
八　戸	＋26分
盛　岡	＋25分
秋　田	＋20分
仙　台	＋23分
山　形	＋21分
米　沢	＋20分
福　島	＋22分
郡　山	＋21分
水　戸	＋22分
宇都宮	＋19分
前　橋	＋16分
浦　和	＋19分
千　葉	＋21分
銚　子	＋23分
東　京	＋19分
八王子	＋17分
横　浜	＋19分
横須賀	＋19分

都市名	時　差
甲　府	＋14分
長　野	＋13分
松　本	＋12分
新　潟	＋16分
長　岡	＋15分
富　山	＋9分
金　沢	＋7分
福　井	＋5分
沼　津	＋15分
静　岡	＋13分
浜　松	＋11分
豊　橋	＋10分
名古屋	＋8分
岐　阜	＋7分
津	＋7分
和歌山	＋1分
大　津	＋3分
京　都	＋3分
奈　良	＋3分
大　阪	＋2分
神　戸	＋1分
※明石	±0分
姫　路	－1分

都市名	時　差
岡　山	－4分
福　山	－6分
広　島	－10分
鳥　取	－3分
松　江	－8分
山　口	－14分
徳　山	－13分
下　関	－16分
高　松	－4分
徳　島	－2分
松　山	－9分
高　知	－6分
北九州	－17分
福　岡	－18分
佐　賀	－19分
熊　本	－17分
長　崎	－21分
佐世保	－21分
大　分	－14分
宮　崎	－14分
延　岡	－13分
鹿児島	－18分
那　覇	－29分

※日本標準時の明石（±0分）を基準として「＋」は経過時間を、「－」は未経過時間をあらわしています。

カップに半分ほどのお土砂をいただきます。
採土後は掘った部分を埋め戻し、きれいにしておきます。
その後、再び拝殿でご挨拶をします。
終了したら、寄り道をしないですぐに帰宅します。

いただいたお土砂は、まず自宅神棚にお供え、ご挨拶後、次のように使います。
・家の敷地内周囲に撒く。あるいは庭の四隅に埋める。
・部屋の下方四隅に置く。（ふたをしないで、清浄な容器に入れる。下方に置くのは、気は上にあがるから）
・和紙や布に包んで、敷き布団や枕の下に入れる。
・小さな袋に入れて携帯、お守りとして用いる。（袋は和紙、布。ポリ袋は気がのぼらないからダメ。ポリ袋は、お土砂を運ぶ時のみ使う）
……など、自分で必要だと感じる方法で活用してください。
用いたお土砂は、次回お土砂取りをする際に、その場所にお返しします。いただいた場所にお返ししてもよいし、庭に撒いてもよいです。また、庭がない場合には植木鉢などに撒きます。お土砂の効果は、ふつう四十五日間保たれるといわれています。

三章——

星が導く開運散歩＆旅行

本命星が明かすあなたの開運散歩

一白水星《いっぱくすいせい》生まれ――水辺の散歩で緻密な思考力がアップ

本命星が一白水星のあなたは先天的に「水の性」をもっています。

その水とは、川や海のように「流れ」があり、触れるとキリッと身が引き締まるような冷たい水です。さらに、水の流れには岩間を走る細い糸のようなものから、ナイアガラの大瀑布のようなものまであります。

「水は方円の器にしたがう」といわれていますが、こうした水の変幻自在なあり方こそ、本命星に一白水星をもつ人の本質です。

あなたは、相手や周囲の状況、環境に応じて自分自身を変えていく柔軟性に恵まれています。そのために、日ごろは場の空気によく溶けこんで、まわりの人たちからは「穏やかな人」と思われているかもしれません。

しかしながら、この星は季節でいえば冬（子《ね》の月＝十二月）、時間でいえば夜中の十一時から一時のあいだ（子の刻）です。一白水星自体は、暗く、寒く、厳しい星なのです。

一見地味で、もの静かに見えるあなたは実はしんの強い人であり、ちょっと秘密が多く、冒険心も人一倍でしょう。物事の裏側を見通す鋭い洞察力があり、推理小説の筋書きなどはすぐにわかってしまう人です。

昔からこの星の人は、生まれ故郷を離れて、世間という大海原に漕ぎだしてこそ、持てる才を発揮するといわれています。そういう人にとっては人生そのものが旅であり、動き方次第では人生が大きくよい方向に開けたり、また逆に、とんでもない方向へと沈んでいってしまうこともあります。

このように生来、流れ、動きのある人生を歩むあなたは、吉凶を問わず、方位から受ける影響がとても大きいのです。

散歩、旅行に出かける時は、ぜひとも吉方位を用いるように心がけてください。あなたにとって、開運のための最もよい方位は、自宅を中心として西三十度、北西六十度、東三十度、南東六十度の範囲です。この方位に、一白水星にとって吉となる星がめぐってくる時を狙います。（234ページの「九星吉方表」で調べてください）

散歩や旅行で縁のある場所は、やはり水辺。澄んだ、流れのある場所、滝などマイナスイオンが豊富に発生する場所は、あなた本来の緻密な思考力を増幅させてくれます。

海水浴、温泉、水族館、水生植物園などでも楽しめます。

ちょっと変わったところでは、夏のイベントとして開かれることのある「夜の動物園」とか「夜の植物園」などもよさそうです。ただし、こうした夜の外出は、吉方位であることが条件です。凶方位での夜の外出は逆効果があらわれて、一白水星という星がもつ悪い側面がでやすくなります。

どの九星にも、その星自体がもつプラス（吉）の部分とマイナス（凶）の部分とがあるのですが、方位の用い方次第で、プラスの面が引き出されたり、マイナスの面が引き出されたりします。

本命星に一白水星をもっていて、人づき合いが悪い、放浪癖がある、異性関係のトラブルが多い、あるいは引きこもりである、という人は、この星のマイナス面を多くもった人です。

このような人が開運をはかる場合に効果的な方位は、一白水星の座所である北三十度です。この方位に、自分にとって吉になる星がめぐってきた時を狙います。

この方位は、先ほどあげた吉方位ほどには力がないのですが、根気よく祐気《ゆうき》取《と》りをつづけることによって、自分の運勢のマイナス面を好転させることができます。

散歩や旅行で北の吉方を小まめに取っていると、一白水星の徳分である人に対する親切心や忍耐力が自然に養われてきます。さらに、物事を前向きにとらえることができるようになります。その結果、人脈も広がって、それが大きなチャンスへとつながっていきます。

つまるところ、運の強い人とは、自分の本命星がもつ特長（吉の部分）を強くもった人なのです。

さて、散歩や旅行といえば、カフェやレストランは、大通りからちょっとわき道を入ったような店が落ちつきます。「こんなところに、こんな店が」という、意外性のある立地の店がよいのです。

一白水星生まれは、食べ物にはあまりこだわらない人が多いのですが、水には気をつけてください。質のよい水を十分に摂取することです。そのことによって、ともすれば血のめぐりが悪くなったり、肌荒れのしやすい体質が解消されます。

また、外国や不慣れな土地、それが特に凶方位であった場合には、飲み水に要注意です。

一白水星生まれの人は、また、服装にもあまりこだわりをもたず、地味目な人が多いのですが、たまに黒い色の服にこだわりをもつ人がいます。

実は、この星生まれの人ほど、黒がしっくりとくる人もいないのですが、だからといって、黒ずくめのファッションはいけません。黒い服は、時に一白水星の悪い部分を増幅させます。それを着ていると、なんとなく気がふさぎ、投げやりな気分になってしまうかもしれません。

この星の人にとって、気をあげてくれるのは、緑や青の服です。黒い衣装のなかにも上手に緑や青を取り入れて、おしゃれを楽しんでください。

そして、最後は白いシャツです。これがシックに着こなせたら、運気は上昇中と見ます。アクセサリーは、水晶、シルバー、プラチナが、よく個性をひき立ててくれます。

二黒土星《じこくどせい》生まれ――青空骨董市でお宝ゲットも

本命星が二黒土星のあなたは、先天的に「地の性」をもっています。地とは「母なる大地」、すべてのものを生みだす豊かな土壌、畑です。踏みつけられても文句を言わず、もくもくと草木をはぐくみ育てる土は、まさに縁の下の力持ち。

二黒土星は九星中で一番働き者の星ですから、おそらくあなたも努力家で、骨惜しみをしない人でしょう。人が見ていても見ていなくても、愚直なまでにやるべき仕事に力を注ぐ姿が、この星の本来のあり方で、それは母親がわが子に注ぐ無償の愛情にも似ています。

二黒土星は、いわゆる「母親星」ですから、男女とも、この星生まれの人は包容力があり、どんな分野でも、人を育てること、教え導くことが上手です。たとえば学校の先生や趣味のけいこ事の先生になれば、優秀な生徒、門下生を数多く輩出することになるでしょう。

また、育てるといえば人ばかりではなく、花や野菜を育てること、家庭菜園や畑仕事も性に合っています。

そんなあなたの散歩コースは、都心のゴミゴミしたところや、住宅地、狭い道路ではなく、ある程度の広さをもったところが適しています。

たとえば畑のあぜ道、それが無理なら広い公園やグラウンドのような見晴らしのよいところ、しかも舗装されていない地面がよいのです。そうした場所を歩く時、あなたは大地のエネルギーを全身で感じて、体中の細胞が活性化されるのを自覚することになるでしょう。

はじめは方位のことは気にせず、あちこち歩いてみるのも悪くありません。散歩の途中で神社を見かけたら、軽くご挨拶をしてください。

順序が逆なのですが、帰宅後に方位を調べてみるのも興味深いことです。果たして、今日の散歩はどんな方位だったのか。吉方だったのか、凶方だったのか？　自分の感覚を試験してみるのです。こうしたことをくり返していると、方位に対する自分の感覚がどんどん高まっていきます。

そして、いよいよ吉方位への散歩です。あなたにとって、開運のための最もよい方位は、自宅を中心として南三十度、西三十度、北西六十度の範囲です。この方位に、二黒土星にとって吉となる星がめぐってくる時を狙います。（236ページの「九星吉方表」で調べてください）

吉方位への散歩や旅行をするなら、やはり田園地帯、コンクリートや舗装道路ではなく土がよく見える、どちらかといえばひなびた場所です。しかし、そういうところに大型のスーパーマーケットや観光センターなどがあったら、それもラッキー。二黒生まれの人は、地場の産物やこまごまとした雑貨品にも目がないのですから。

また、農業体験のイベントやぶどう狩りやイチゴ狩り、各種植物展など、なんらかの形で土と関係のある場所にはツキがあります。

さらに、この生まれの人はレトロなモノに郷愁を感じるタイプなので、公園や神社境内で行われる青空骨董市なども、大いに楽しめるでしょう。方位がよければ、掘り出し物に出会えます。ただし、こういう場面であまり値の張るモノを買ってはいけません。店主と値段の交渉を楽しみながら、よいモノを手に入れるのです。

……と、このあたりまで読んできて、「自分は本当に二黒土星なのだろうか？　ちっとも働き者じゃないし、むしろ怠け者なんだが」と思っている二黒の人がいるかもしれません。

もし、そういう人がいたら、これは問題です。二黒土星という星をもっていながら怠け者だとしたら、それはこの星がもつ「勤勉」という徳分がマイナス（凶）、つまり反転した状態であらわれていることを意味しています。こうなるとすべてにわたって二黒土星の長所が生かされず、性格は謙虚さを欠いて、でしゃばりとなり、二黒土星として運の弱い人になってしまいます。

そもそも、どの九星にも、その星自体がもつプラス（吉）の部分とマイナス（凶）の部分とがあるのですが、方位の用い方次第で、プラスの面が引き出されたり、マイナスの面が引き出されたりします。そして、運の強い人とは、自分の本命星がもつ特長（吉の部分）を強くもった人なのです。

怠け者で運の弱い二黒土星の人が星本来の力を挽回し、開運をはかるために効果的な方位は、二黒土星の座所である南西六十度です。この方位に、自分にとって吉になる星がめぐってきた時を狙うのです。

この方位は、先ほどあげた吉方位ほどには力がないのですが、根気よく祐気取りをつづけることによって、「努力」「従順」という二黒土星の長所が自然に養われて、地道に働く意欲もわいてきます。

二黒土星生まれの人は、働き者なだけに、仕事にしろ散歩にしろ、中断して休憩をとることがあまり上手ではありません。散歩中も、心して休みをいれて、水分や、時には甘味を補給してください。

カフェやレストランは、気どりのない、どちらかといえばB級グルメの店が好みでしょう。一人旅の途中でも、店主やお客さんたちと盛り上がったりするはずです。

服装に関しても、カジュアルなものがしっくりときます。本来の自分でいるためには、木綿、麻などの天然植物素材のものがよいでしょう。レンガ色や渋みのある黄色などのアースカラーの服をラフに着こなし、効かせ色として赤の小物を使うと運気にはずみがつきます。

二黒土星にとって、赤は開運色であり、勝負色でもあります。

三碧木星生《さんぺきもくせい》まれ——新緑の季節に開運マラソンを

本命星が三碧木星のあなたは、先天的に「雷の性」をもっています。

春を告げる「春雷」は、その雷鳴に驚いて地中の虫たちもでてくるといいますが、その音はどこか爽快で、カラッとしています。

三碧木星の雷がまさにそれで、この星をもつ人は行動力旺盛なアイディアマンで、しばしばまわりの人たちをびっくりさせるようなことをしてくれます。

三碧木星は季節でいえば春（卯《う》の月＝三月）、時間でいえば早朝の五時から七時（卯の刻）です。さわやかな早朝そのままに、若々しい活力がいっぱいの星です。

そんな星をもったあなたはまた、話し上手であると同時に、魅力的な声の持ち主でしょう。この生まれの人には、歌手、アナウンサー、声優、講演活動を精力的にこなす人など、声をもって世に出る人も多いのです。

旺盛な活動力は、外出や旅の多い刺激に富んだ人生を約束してくれます。あなたにとって、開運のための最もよい方位は、自宅を中心として北三十度、南東六十度、南三十度の範囲です。この方位に、三碧木星にとって吉となる星がめぐってくる時を狙います。（238ページの「九星吉方表」で調べてください）

木星のうちでも三碧は、樹木でいえば若い木、または新緑です。本命星・三碧には歩くことが好きな人も多く、新緑の季節に健脚コースのハイキングなどもおすすめです。

一方で、話題のカフェやレストランにもよく出入りする人です。店のBGMには、こだわりがあるでしょう。クラシック、ポピュラーを問わず、楽器とかかわりが深く、バンド活動に熱中するということも。

さらに年配になってくると、鳴き声のよい鳥や鳴く虫の飼育を楽しんだり、盆栽づくりに手を染めたりもする、なかなかの趣味人です。

仲間とのおしゃべりでは中心人物になるのが常ですが、もしこの星をもっていて、人前で自分の意見を言うのが苦手だというなら、それは問題です。三碧木星の「弁舌」という徳分が生かせていない人で、運勢全体が弱いという判断になります。

一方、雄弁がすぎて、口先ばかり、ウソをつく……となったら、もっと悪いですね。これも、三碧木星のマイナス（凶）の状態です。

どの九星にも、その星自体がもつプラス（吉）の部分とマイナス（凶）の部分とがあるのですが、方位の用い方次第で、プラスの面が引き出されたり、マイナスの面が引き出されたりします。

三碧木星の凶の部分を多くもった人が開運をはかる場合に効果的な方位は、三碧木星の座所である東三十度です。この方位に、自分にとって吉になる星がめぐってきた時を狙います。

この方位は、先ほどあげた吉方位ほどには力がないのですが、根気よく祐気取りをつづけることによって、自分の運勢のマイナス面を好転させることができます。

散歩や旅行で東の吉方を小まめに取っていると、さわやかな弁舌という三碧木星の徳分が活性化されてくるのです。大きい声で、はっきりと元気よく話すように心がけてください。講演はもちろん、プレゼンなどをする時には前もってしっかり準備、練習をしておくことも大切です。

つまるところ、運の強い人とは、自分の本命星がもつ特長（吉の部分）を強くもった人なのです。


住宅は木造がよいのですが、鉄筋コンクリートのマンションなどであれば、内装は木材を多用して、ナチュラルな感じに仕上がっていれば、息苦しさを感じなくてすむでしょう。

インテリアには、観葉植物や季節の鉢物を置いてください。ただし、植物は生きたもので

方位盤（自宅を中心とした方位を知るために）

この紙を地図にのせて、地図上の自宅地点に中心を合わせて八方位をだす。

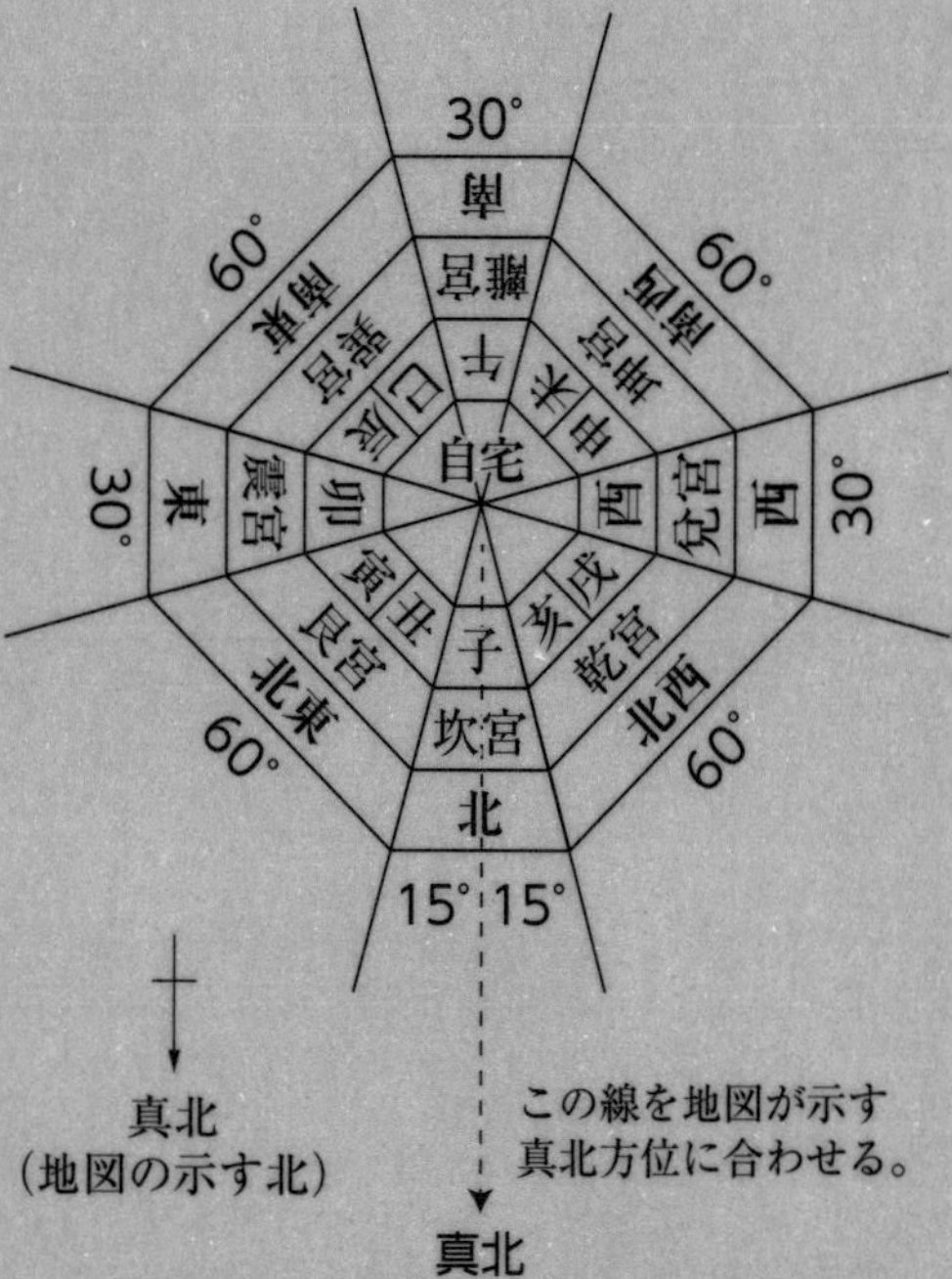

方位盤（自宅を中心とした方位を知るために）

この紙を地図にのせて，地図上の自宅地点に中心を合わせて八方位をだす。

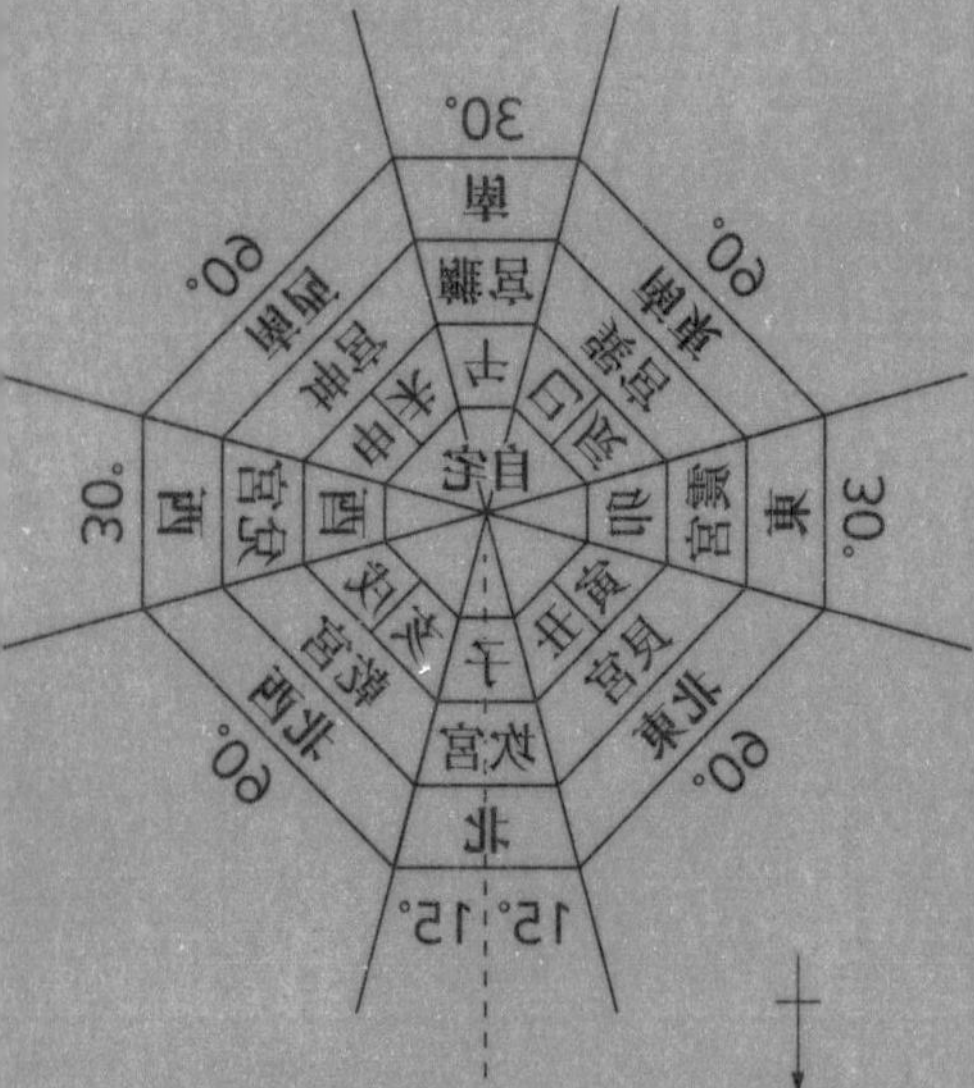

この線を地図が示す真北方位に合わせる。

真北

真北（地図の示す北）

なければダメですし、ジャングルのようにたくさん置くのもいけません。

三碧木星の部屋は、どちらかといえば生活感があまりないほうがよいのです。清潔で、モノは少な目、植物のケアをすませたら、いつでも外に飛び出せるようにしておきましょう。

この星の人は体を動かすことで、エネルギーが充電されていくタイプですから、散歩というよりウォーキングが好きかもしれません。もちろん、開運ジョギング、開運マラソンという選択肢もあるでしょう。地図に印をつけて、神社めぐりをしながらウォーキング、というのもいいですね。

その際には、靴にも気を配ってください。三碧木星を本命星にもつ人の多くは、健脚だったり、足が速かったりしますが、反面、その優秀な足はとてもデリケートです。一部の人は、宿命的に傷めやすい、もろい足をもっています。足元のおしゃれというより、機能性重視の靴を慎重に選んでください。

そして、地面に立った時には足元に意識を向けてみてください。足の感覚が非常によいことから、足の裏を通して土地が発する微妙な気を感じることができるはずです。慣れてくると、そこがどのような場所か、自分にとってよい場所なのかキャッチできるようになるでしょう。

服装はスポーティーで、さわやかなモノがしっくりと決まります。いくつになっても、若者が出入りするような服飾店での買い物を楽しむ人です。

緑、青は最も自分らしくいられる色ですが、時には黒い衣装で、あがりすぎたテンションを静めることもよいかもしれません。赤も開運色ですが、全身にまとうのは逆効果です。小さなアクセサリー、ネクタイピンなどに使うことで、大きな効果を発揮します。

食べ物については、酸味のあるものが気分をリフレッシュさせてくれます。すし、マリネ、かんきつ系の果物などがおすすめです。

四緑木星《しろくもくせい》生まれ――地図上の円マークに印をつけて開運散歩

本命星が四緑木星のあなたは、先天的に「風の性」をもっています。

その風とは、春から初夏にかけて吹く風です。薫風《くんぷう》、青嵐《せいらん》という言葉がありますね。青葉のあいだを縫って吹くそよ風が薫風、それよりも少し強くて青葉をざわめかせながら吹き渡る風が青嵐。どちらも、四緑木星の性質をよくあらわしています。

それは、のびやかで心地のよい大気のめぐりです。樹木や花のよい香りを運んできてくれます。しかし、風は目には見えませんし、どこからやってきて、どこへ行くのかもわかりません。

そうしたことから、四緑木星を本命星にもった人も、さわやかだけれどちょっとつかみどころのない人、そして、考え方には柔軟性があるのです。風がわずかなすき間からも入りこむように、この星をもった人は、誰の心にも上手に入りこんで、いつの間にか相手を自分のペースに引き入れてしまうのです。

四緑木星は、すべての物事において縁を結ぶ星であり、同時に駆け引きに強い星でもあります。この星が、「結婚」「商取り引き」の星といわれるゆえんです。

そんな四緑木星生まれのあなたにとって、散歩や旅行はまさに人生そのものかもしれません。いつでも風のように軽やかに旅立って、世界のあちこちからたくさんの情報を集めてきては、それを広く発信していきます。

木星のうちでも四緑は、樹木でいえば生長した大木、または深い緑の葉が茂っている状態です。三碧の未熟、若さに対して、四緑は成熟、完成という象意をもっています。

ですから、この星をもったあなたもきっと、何をしても一通りきちんとした仕事をするはずです。あなたは、世間の信用ということを大切にする人でもあります。

あなたにとって、開運のための最もよい方位は、自宅を中心として北三十度、東三十度、南三十度の範囲です。この方位に、四緑木星にとって吉となる星がめぐってくる時を狙います。（240ページの「九星吉方表」で調べてください）

あなたが心底自然体でいられるのは、よく風の通る木々のあいだの小道や、林の中を歩いている時でしょう。鎮守の森とそのお社《やしろ》は、四緑木星の人にとってまさに癒しの場所です。神社をあらわす鳥居のマーク（⛩）は、この星の人にとって特別な存在です。地図上の⛩マークに印をつけておいて、散歩や旅のコースに組み込むことをおすすめします。

ところで、四緑木星の人のなかには、たまに決断力が鈍く、何事にもぐずつきやすい人がいるものです。こういう人の部屋の中は、たいていモノがいっぱいです。

このようなケースでは、四緑木星の特質がマイナス（凶）の状態であらわれているという判断になり、運の弱い四緑木星となります。

どの九星にも、その星自体がもつプラス（吉）の部分とマイナス（凶）の部分とがあるのですが、方位の用い方次第で、プラスの面が引き出されたり、マイナスの面が引き出されたりします。

四緑木星のマイナス面を多くもった人が開運をはかる場合に効果的な方位は、四緑木星の座所である南東六十度です。この方位に、自分にとって吉になる星がめぐってきた時を狙います。

この方位は、先ほどあげた吉方位ほどには力がないのですが、根気よく祐気取りをつづけることによって、自分の運勢のマイナス面を好転させることができます。

散歩や旅行で南東の吉方を小まめに取っていると、四緑木星の徳分である柔軟な社交性やバランス感覚、従順さ、さらには何事もきちんと仕あげる能力が自然に養われてきます。その結果、仕事もスムーズに進むようになり、信用も増していくでしょう。つまるところ、運の強い人とは、自分の本命星がもつ特長（吉の部分）を強くもった人なのです。

この星の人がリラックスできるカフェやレストランといえば、明るく開放的で、風通しのよい店です。木材を生かした内装で、よい香りのする花などが飾られていれば理想的です。穴蔵のような感じだったり、装飾の多すぎる店では息苦しさを感じて、自分らしさを発揮できません。

もちろん、自宅も同様で、明るく風通しのよい家がよいのです。立地条件や間取りが悪く暗い感じの家であったら、徹底的に掃除をして、モノを減らせばよいのです。「整理整頓」ということもまた、四緑木星の徳分です。その意味で、片づけ下手の四緑は運が伸びません。

壁紙は白くします。部屋が狭い場合には、基本的に生花以外の飾り物は置かないほうが無難です。花は香りのよいものがよく、花以外ではアロマなども悪くありません。

四緑木星生まれの人の食生活は、そうぜいたくではありません。かといって、そう質素でもありません。バランス感覚に敏感なあなたは、世間と歩調を合わせることをよしとしているのです。

ふだんは、めん類、パスタなどの簡単なもので満足するでしょう。ただ、この星生まれの人は、ハーブ類など香りのよいものによって気が活性化されるので、薬味にはこだわりたいところです。

服装は、着心地のよいものを小ざっぱりと着こなします。青や緑は最もしっくりとする色ですが、黒を上手に使うと、品よく個性を発揮することができます。ここ一番という時には、開運色の赤を大胆に使うことも悪くありません。控え目な香りのおしゃれは、四緑木星という星の力を増幅させてくれます。

五黄土星生《ごおうどせい》まれ――一流のモノ、一流の場所で人間力をつける

本命星が五黄土星のあなたは、先天的に「帝王の性」をもっています。

この星は九星のなかでも特別な星で、九星定位盤では中央に据えられ、他のすべての星を統《す》べる存在です。

しかしながら、五黄土星は「壊乱の星」ともいわれ、その内面には慈悲深さと同時に、ある種の残酷さも合わせもっているのです。

したがって、この星を本命星にもった人も一筋縄ではいきません。もともと頭領運をもっていますから、リーダーとして人望があつく、堂々と人生を渡っていく人も多いのですが、

逆に、生活が乱れ、社会からドロップアウトしてしまうような人もいるのです。

基本的には正直、果敢、信念の人ですが、協調性には乏しいので、人とぶつかることも多々あるでしょう。集団のなかでは問題行動も少なくないのですが、いつの間にか頭角をあらわして、やがては小さくとも一国一城の主に納まる人です。五黄土星生まれの人は、人に使われる立場から離れて、はじめて本来の力を発揮できるのです。


五黄土星のあなたの散歩、旅行は、どちらかというと気分任せで、計画性はありません。この星の人が、なんとなくひかれる場所とは、非常ににぎやかで騒々しいところ、あるいは逆にちょっと寂れたところや廃墟などです。もっと悪くすると、パワースポットならぬ心霊スポットなどに出かけてみよう、と思ったりもしそうです。しかし、あなたがそうした場所をうろつくことは、よいことではありません。

五黄土星生まれの人は、人生の早い段階で、本当によいものに触れておくことが必要です。たとえば建造物でも、絵画や彫刻などの美術品でも、一流のものと親しんでおくことです。そうした、ものを見る目を養っておくことが、その後の人生に大きく役立ちます。

散歩や旅行でも、いわゆる名所、名だたる神社仏閣など、すでに評価の定まった「本物」に出会える場所がよいのです。

そして、まずは吉方位を用いるよう心がけてください。あなたにとって、開運のための最もよい方位は、自宅を中心として南三十度、南西六十度、北東六十度、北西六十度、西三十度の範囲です。この方位に、五黄土星にとって吉となる星がめぐってくる時を狙います。（242ページの「九星吉方表」で調べてください）

五黄土星は、王の位をもった星ですから、本来、何であっても最高級のものと縁が深いはずです。ところが、一方で、その正反対のものとも縁ができやすいのです。

昔から、この星をもつ人は「天下を取るか物乞いになるか」といわれていますが、いずれにしても人生が両極端になりやすいので、要注意です。

どの九星にも、その星自体がもつプラス（吉）の部分とマイナス（凶）の部分とがあるのですが、方位の用い方次第で、プラスの面が引き出されたり、マイナスの面が引き出されたりします。

本命星に五黄土星をもっていて、乱暴である、すぐにケンカをする、酒癖が悪い、異性関係のトラブルが多い、無気力である、ゴミ屋敷に住んでいる、という人はこの星のマイナス面を多くもった人です。

このような人が開運をはかる場合には、先ほどあげた吉方位で、根気よく祐気取りをつづけることが最良の策となります。

散歩や旅行で吉方位を用いていると、強い信念、周囲に対する細心の目配り、弱者に対する思いやりの心など、五黄土星がもつ美点が自然に引き出されてくるのです。その結果、乱暴で自分勝手な言動についても自省の心が芽ばえ、人生の軌道が徐々に修正されていきます。

総じて、この星の人は自信家で自己主張も強く、クセのあるタイプなのですが、それは五黄土星本来の持ち味でもあります。当人の人間力が高まってくると、そのクセが嫌味ではなく、個性、魅力に変わっていきます。と同時に、運気もあがっていくのです。

つまるところ、運の強い人とは、自分の本命星がもつ特長（吉の部分）を強くもった人なのです。

散歩や旅行といえば、カフェやレストランは、生活感のある内装の店にひかれる傾向があるでしょう。この星の人は、雑多な感じの場所で落ち着くのです。バーや居酒屋も散歩コースでしょうが、酒類を提供する店では、悪い「気」を拾わないように、あまり長居はしないほうが無難です。

五黄土星生まれは、住む家もどちらかといえばモノが多いでしょう。整理整頓は得意ではありませんが、多少の乱雑さはあっても、それで運勢全体が損なわれることはありません。

ただし、陰気な絵や写真、古い人形などを飾ることは控えてください。この星の人は、特に霊的なものとつながりやすいので、中古品、骨董品などにはあまり手を出さないほうが無難です。

飲食に関しては、非常にこだわる人とまったくこだわらない人と両極端です。こだわる人は、いわゆる美食家であり、食に対する探求心が旺盛です。一方、こだわらない人は、ジャンクフードとサプリメントが食事代わりだったりします。

服装に関しても両極端です。非常にこだわる人と逆の人とがいるのですが、いずれの人も、どんな色にも負けない強い個性をもっています。白い服は自分の気持ちをクリーンにしてくれるので、人生の仕切りなおしのような場面では重宝します。

六白金星生《ろっぱくきんせい》まれ――旅のお宿はモダンスタイルの高級ホテル

本命星が六白金星のあなたは、先天的に「天の性」をもっています。

天は、二黒土星の「母」に対する「父」であり、それは「施し」や「権力」でもあります。

六白金星は季節でいえば、晩秋から初冬にかけて。抜けるような秋晴れの大空を想像してみてください。少し冷たい大気は、きりりと引き締まっています。そうした星の「気」を受けたあなたもまた、天空を思わせるような大器です。

公明正大であり、勇敢、理想が高く、プライドも高いのです。どんな相手に対してもおもねることをしない、あなたの態度は時には目上の人たちの目に「生意気な奴」、と映るかもしれません。

しかし、小細工がなく、めんどう見のよい人柄は、やがて、あなたを集団のリーダーへと押し上げていくでしょう。

六白金星は活動力旺盛な星ですから、この星をもった人は、じっと休んでいるということがありません。散歩や旅行といっても、のんびりと物見遊山に出かけるというのではなく、多くは仕事や公用の延長といった感じでしょう。

したがって、飛行機や列車、車などによる移動が多く、ぶらぶら歩くということは意外に少ないかもしれません。

長距離の移動が多いとなれば、当然、方位効果は出やすくなります。では、さっそく吉方位を、という気持ちになるかもしれませんが、ちょっと待ってください。まずは、最低限、大凶方位を用いないように気を配るべきです。乗り物での移動中の事故にも要注意です。

次に吉方位です。大吉方位を見つけることはなかなか大変だと思いますが、移動の距離が長いとなれば、その効果も大きいのですから、小まめに本書巻末の暦（九星循環表）と「九星吉方表」を見て、楽しみながら開運旅行の計画を立ててみてください。

あなたにとって、開運のための最もよい方位は、自宅を中心として南西六十度、北東六十度、西三十度、北三十度の範囲です。この方位に、六白金星にとって吉となる星がめぐって

くる時を狙います。（244ページの「九星吉方表」で調べてください）

散歩に適した場所は、大きい公園、競技場、神社仏閣などです。六白金星生まれの人は、何によらず「大きい」ものとの相性がよく、広い公園、広い競技場、広い街並み、大きい神社仏閣……ということになるのです。この星の人は、せせこましい場所にいると、きゅうくつでイヤになってしまうでしょう。

カフェやレストランも、広い道に面した立地のものがよく、しかも、かなりグレードの高い店でなければ落ち着けません。

この星をもった人は万事に高級好みで、人によっては権力志向もなかなかです。六白金星は、九星中最も位の高い星ではありますが、そこに落とし穴もあります。

どの九星にも、その星自体がもつプラス（吉）の部分とマイナス（凶）の部分とがあるのですが、方位の用い方次第で、プラスの面が引き出されたり、マイナスの面が引き出されたりします。

本命星に六白金星をもっていて、夢ばかりが大きくて行動がともなわない人、気位が高い人は、この星のマイナス面を多くもった人です。

このような人が開運をはかる場合に効果的な方位は、六白金星の座所である北西六十度です。この方位に、自分にとって吉になる星がめぐってくる時を狙います。

この方位は、先ほどあげた吉方位ほどには力がないのですが、根気よく祐気取りをつづけることによって、自分の運勢のマイナス面を好転させることができます。

散歩や旅行で北西の吉方を再々取っていると、六白金星の徳分である人に対する施しの心、実行力、神仏に対する崇敬の念などが自然に養われてきます。

夢を夢だけで終わらせないための実行力も、六白金星が本来もっている徳分です。正しい信仰によって、神仏の恵みが得られるという幸運も、まさしく「天の星」六白金星の真骨頂。効果的な祐気取りによって、星本来の大器としての力を取り戻してください。

つまるところ、運の強い人とは、自分の本命星がもつ特長（吉の部分）を強くもった人なのです。

この星をもった人が落ち着ける住まいは、鉄筋コンクリート仕様のモダンなマンションです。室内はモノをあまり置かず、すっきりとさせておくのがよく、眺めのよい窓があれば理想的です。美しい夜景は、あなたの心を豊かなものにしてくれるでしょう。

好ましい旅の宿は、大型の高級ホテルや高級旅館です。それもモダンなデザインのものがよく、老舗でも古くさかったり、レトロ感のただよう宿では気が晴れません。

飲食に関しても、あなたの高級志向は変わらず、B級グルメにはあまり関心がなく、店では、多少の無理をしても値の張るものを注文するでしょう。そんなあなたの開運食ともいえるものは、果物です。特にメロン、スイカなど、大きくて丸い果物は、疲れた時の特効薬となるはずです。

服装については、正統派のおしゃれを好み、それがしっくりとします。何色でも上手に着こなしますが、赤と紫は、場合によっては運気を損ねることがあります。ファッションのポイントは、宝飾品です。高級宝飾店のケースの中で輝く指輪は、あなたの指で輝く日を待っているのかもしれません。

七赤金星《しちせききんせい》生まれ――旅先のイベント会場で時を忘れて楽しむ

本命星が七赤金星のあなたは、先天的に「沢の性」をもっています。

沢とは、山あいの湿地にたまっている水、流れの少ない温《ぬく》みをもった水です。同じ水でも一白水星の冷たい流水とは対照的で、沢は穏やかな水です。

七赤金星には「微笑を浮かべた口もと」という意味がありますが、そこから連想すると、この星があらわすキーワードがでてきます。すなわち、温和、楽しげ、おしゃべり、飲食などの言葉です。

すると、この星を本命星にもったあなたは、楽しいおしゃべりの場で雰囲気を盛りあげるムードメーカーではないか、と想像できます。また、口はおしゃべりと同時に飲食をもあらわすところから、あなたはかなりのグルメである、という判断になります。

あなたの散歩や旅は食べ歩きという形で、しかも仲間とのおしゃべりを楽しみながらの道中ということが多いでしょう。くわえて、あなたにはよい意味でヤジ馬根性があって、見るもの聞くものに興味を示すので、散歩や旅は変化に富んだ充実したものになります。

この星をもった人はグルメとはいっても、特別に上等なモノを好むというのではなく、流行《はやり》のモノ、話題性のあるモノを試してみよう、という食に対するチャレンジ精神が旺盛なのです。一緒にいる人も、ついつい乗せられて珍しい食べ物に手を出してしまうでしょう。

あなたにとって開運のための最もよい方位は、自宅を中心として南西六十度、北東六十度、北西六十度、北三十度の範囲です。この方位に、七赤金星にとって吉となる星がめぐってくる時を狙います。（246ページの「九星吉方表」で調べてください）

散歩や旅行で縁のある場所は湿原や、小さな山が連なり、崖などの多い土地です。そうした場所では、七赤金星の「気」が活性化されます。深い秋のころ、切り通しの道などを歩いていると、ふと大切なことを思い出すかもしれません。

旅先では、郷土色の豊かなイベント会場や地場センターなどで、時を忘れてしまうこともありそうです。

総じて、七赤金星生まれの人生は衣食住に困ることはなく、楽しいことが多いのですが、人によっては、時々ひどく落ちこんでしまうことがあります。そして、それが長くつづくと人生は不平不満の連続となってしまいます。

七赤金星の象意である「沢」、温みのある水は、実は、この星をもつ人のウェットな性格の一面をあらわしています。明るく、如才なくふるまってはいても、内気で苦労性のところがあるのです。

落ちこんだ七赤金星生まれを苦しめるのは何事にも満足できない「不足感」というものですが、それは、この星がもつ大きなマイナス（凶）要素です。

どの九星にも、その星自体がもつプラス（吉）の部分とマイナス（凶）の部分とがあるのですが、方位の用い方次第で、プラスの面が引き出されたり、マイナスの面が引き出されたりします。

本命星に七赤金星をもっていて、グチが多い、毒舌家である、しばしば舌禍に見舞われる、という人はこの星のマイナス面を多くもった人です。

このような人が開運をはかる場合に効果的な方位は、七赤金星の座所である西三十度です。

この方位に、自分にとって吉になる星がめぐってきた時を狙います。

この方位は、先ほどあげた吉方位ほどには力がないのですが、根気よく祐気取りをつづけることによって、自分の運勢のマイナス面を好転させることができます。

散歩や旅行で西の吉方を小まめに取っていると、七赤金星の「人を喜ばせる」という徳分が自然に生きてきます。と同時に、そのことによって自分自身もまた、満足感が得られるようになるのです。

七赤金星生まれには芸達者な人が多いのですが、祐気取りによって運気があがってくると、そうした芸を生かしたチャンスにも恵まれるようになります。

この生まれの人は、生涯、食べるに困らない程度の金運はありますが、一財産築くとなると、むずかしいものがあります。それというのも、レジャーや趣味、芸事など、自分の楽しみのために散財してしまうからです。

ただ、運のよい七赤金星の人は、そうして人生の途上で身につけてきたことを、後年役立てることができるのです。その特技を生かしてボランティア活動に参加したり、人に教えるなどしてお小遣いを稼ぐこともできます。何か、これひとつという芸を身につけておくと、生きがいにもつながります。

つまるところ、運の強い人とは、自分の本命星がもつ特長(吉の部分)を強くもった人なのです。

この星をもった人が落ち着ける住まいは、狭くても庭のある家です。室内は、やや雑多で温かみのあるしつらえがよく、メンテナンスを十分にしてください。壊れたりキズがついているところを放置しておくと、運気が低迷します。欠けた花びんや茶碗も取り替えましょう。

服装は原色を避け、多少のトレンドを取り入れたもので個性をあらわします。値段よりデザイン重視の遊び感覚のあるアクセサリーが、気分を高揚させてくれます。特に金《ゴールド》によって、七赤金星の「気」があがりますから、女性はもちろん、男性も金のブレスなどをつけてみてはいかがでしょうか。

八白土星《はっぱくどせい》生まれ――険しい山道を行く旅人は、人生も七転び八起き

本命星が八白土星のあなたは、先天的に「山の性」をもっています。

「動かざること山のごとし」という言葉どおり、山はどっしりと不動のもの……かと思えば、突然の大噴火もあり、その内部には金銀財宝も眠っています。

そうした山の「気」を受けたあなたは、ふだんは温和で落ち着いた人ですが、ここぞという時には後へは引かず、忍耐強く自己主張をしてきます。

八白土星は、季節でいえば冬から春への変わり目（丑《うし》、寅《とら》の月＝一月、二月）。陰から陽へと切り替わる「変化」の時です。

この星を生まれ星にもったあなたの人生もまた、転職、起業、移転、離婚、再婚……と、宿命的に変化に富んだものとなります。そして、その変化を機に人生をさらに大きく前進させていくことができるのです。

旅行といえば、まず山でしょう。旅先で険しい山道をもくもくと歩く姿は、あなたの人生そのものです。山を歩くたびにあなたの冒険心は刺激され、生き返ったような気分になるでしょう。

実は、山の霊気が、あなたに活力を与えているのです。山は霊的な場所ですから、山行きの前には、ご自身の氏神さまへのご挨拶を忘れないでください。そして、吉方位を選んでください。どうしても吉方位が取れない場合でも、少なくとも大凶方位は避けることです。

あなたにとって、開運のための最もよい方位は、自宅を中心として南三十度、西三十度、北西六十度の範囲です。この方位に、八白土星にとって吉となる星がめぐってくる時を狙います。（248ページの「九星吉方表」で調べてください）

散歩では、小高い場所や堤防ぞいの河川敷などを歩くとホッとするでしょう。坂道を上りきったところ、道の曲がり角にあるカフェやレストラン、あるいは山小屋風のつくりの店などでも、気分が和みます。

あなたにとって、休憩は大切な時間です。人生そのものにも時々充電期間が必要な人ですが、旅や散歩の途中でもちょっと足を止めて一休みすることで、懸案中のことについて、ふいによい解決策を思いついたりするのです。

あなたは、いろいろな建造物とも縁の深い生まれです。神社仏閣をはじめ、古今東西の名だたる建造物に触れることで、あなた本来の品格ある嗜好が形成されていくでしょう。

ところで、八白土星は「蓄財の星」であり、ビルなどの不動産ともかかわりが深いのです。この星をもった人は、入ったものはガッチリと貯めこんで、やがて不動産をもつようになります。蓄財心という点では九星中随一で、思いきった投資もできる人です。

しかし、そうはいっても現実にはそうでない人も多く、なかには飽きっぽくて、何をしても長つづきのしない人、一攫千金を狙うような山師的な人もいます。

こういう人は、八白土星という星がもつ悪い側面が強く出ている人です。

どの九星にも、その星自体がもつプラス（吉）の部分とマイナス（凶）の部分とがあるのですが、方位の用い方次第で、プラスの面が引き出されたり、マイナスの面が引き出されたりします。

本命星に八白土星をもっていて、忍耐力がない、忘れっぽい、蓄財心がなく金遣いが荒い、射幸心が強い、という人はこの星のマイナス面を多くもった人です。

このような人が開運をはかる場合に効果的な方位は、八白土星の座所である北東六十度です。この方位に、自分にとって吉になる星がめぐってきた時を狙います。

この方位は、先ほどあげた吉方位ほどには力がないのですが、根気よく祐気取りをつづけることによって、自分の運勢のマイナス面を好転させることができます。

散歩や旅行で北東の吉方を小まめに取っていると、八白土星の徳分である忍耐力、蓄財心、計画性、そしていざとなったら果断に行動のできる思いきりのよさなどが自然に養われてきます。

また、この星をもった人は相続運がある一方で、きょうだい、親戚などのめんどうを見る立場に立ちやすいのですが、そうしたことにからんだ一族の問題もスムーズに運ぶようになるでしょう。

つまるところ、運の強い人とは、自分の本命星がもつ特長（吉の部分）を強くもった人なのです。

八白土星生まれの人が落ちつける住まいとは、立地としては高台です。本来、和風でも洋風でも、門構えのしっかりとした重厚感のある家屋に住むことで落ちつくのです。

旅の宿も、老舗旅館や伝統あるホテルでゆったりとすごすことで英気が養われるでしょう。

服装の着こなしについては、トレンドに左右されない地味目で上質なものを好むはずです。ベージュや渋いレンガ色、からし色などのアースカラーのものを身につけると、自然体でいられます。赤は開運色となりますが、効かせ色としてスカーフ、アクセサリー、ネクタイなど小物で用いるのがよいと思います。散歩や旅に出かける時には、チェックのシャツで個性をアピールできます。

飲食については、好き嫌いはあまりないほうですが、焼き肉やステーキなどの肉類を食べないと、たまに電池切れをおこすことがあります。料理全般、ややあっさりとした味つけが好みでしょう。スウィーツ好きでも、甘すぎないものを好むので、ヘルシー志向といえそうです。

ただ、体質的には太りやすい傾向にあるので、注意が必要です。

九紫火星《きゅうしかせい》生まれ――鎮守の森でインスピレーションが降ってくる

本命星が九紫火星のあなたは、先天的に「火の性」をもっています。

その火とは、太陽の用（はたらき）をあらわしており、太陽が南中し、最も美しく輝く時の姿でもあります。季節でいえば夏（午《うま》の月＝六月）。明るく、開放的な気分がいっぱいです。そうした火の「気」を受けたあなたは華やかで、美的センスに恵まれた情熱家です。物事をじっくりと考える一白水星に対して、九紫火星はひらめき型。頭の回転ははやいのですが、持続力には乏しく、何事に対しても熱しやすく冷めやすいタイプといえます。

おしゃれで知的、格好のいいあなたは、外出といえば都会的なところや美術会場、劇場などが多いでしょう。もちろん、それも散歩ですし、そのようなところで持ち前の感性が磨かれるはずです。

けれども、九紫火星生まれの人の散歩コースとしてぜひともくわえてほしいのは、木々の緑の多いところです。樹木の精をいっぱいに吸収して森林浴をすることで、星のエネルギーが活性化され、ひらめきにも冴えがでてきます。

吉方位を選んで、鎮守の森に佇むお社を訪ねてみてください。特別のインスピレーションが降ってくるかもしれません。幸い、都心でも木々に守られた神社は多いものです。あなたにとって、仕事や人間関係で疲れた時にも最高の癒しの場となります。

旅行は、思いっきりひなびたところへ行くのも、おもしろいと思います。あなたは都会的センスの持ち主ですから、正反対の場所に身を置くことで魂が揺すぶられ、新しい自己発見ができるかもしれません。

九紫火星生まれの人には、行く先に関する注意点がひとつあります。それは、海、川、湖、滝、プールなど、水のあるところについてです。この星の人にとって、水場は要注意です。絶対に水のレジャーを楽しんではいけない、というわけではありませんが、気をつける必要はあります。

あなたにとって、開運のための最もよい方位は、自宅を中心として東三十度、南東六十度、南西六十度、北東六十度の範囲です。この方位に、九紫火星にとって吉となる星がめぐってくる時を狙います。（250ページの「九星吉方表」で調べてください）

あなたは、どちらかというと感覚人間ですから、方位による場所の吉凶についてピンと感じることが多いかと思います。順序が逆になりますが、出先の方位の吉凶を帰宅後、暦（九星循環表）で調べてみるのも興味深いことです。自分の感覚と方位の吉凶を照らし合わせてみることで、しだいに自分にとっての最強のパワースポットが見えてきます。

気学の学びは、最終的には机上のものではなく、実地のものです。自分で歩き、移動をすることで、場所がもつパワーを感じてみることが大切です。

ところで、九紫火星生まれの人のなかには、対人関係のトラブルに悩む人が意外に多いのです。些細な感情的なもつれから、今日の友が明日の敵になりやすいのです。悪くすると、そうしたことが原因で精神的に追い詰められて、うつになってしまうということもあります。この星をもっていて、精神的に安定しないで、すぐにカッとしたり落ちこんだりする人は、九紫火星という星がもつ悪い側面がでている人です。

どの九星にも、その星自体がもつプラス（吉）の部分とマイナス（凶）の部分とがあるのですが、方位の用い方次第で、プラスの面が引き出されたり、マイナスの面が引き出されたりします。

九紫火星生まれで、見栄っぱりで虚栄心の強い人、やたらに自慢をする人も、この星のマイナス面を多くもった人です。

このような人が開運をはかる場合に効果的な方位は、九紫火星の座所である南三十度です。この方位に、自分にとって吉になる星がめぐってきた時を狙います。

この方位は、先ほどあげた吉方位ほどには力がないのですが、根気よく祐気取りをつづけることによって、自分の運勢のマイナス面を好転させることができます。

散歩や旅行で南の吉方を小まめに取っていると、九紫火星の徳分であるセンスのよさや、いろいろなものに対する鑑識眼にさらに磨きがかかってきます。その結果、名誉名声は求めなくても自然についてくるようになり、つまらない虚栄心などはなくなってしまうでしょう。

特に アート系や美容の仕事に携わっている人は、新境地が開けて、仕事にもいい光が差しこんできます。

つまるところ、運の強い人とは、自分の本命星がもつ特長（吉の部分）を強くもった人なのです。

イライラすることが少なくなって、身近な人とのケンカもしなくなったな、と思ったら、祐気取りの効果がでてきている証拠です。

住居や旅の宿ということになれば、あなたは一流の建築家による斬新なデザインのものを好むでしょう。しかし、開運効果を考えると、まずは、森林の緑や清々しい木の香りがイメージされるような家や宿がおすすめです。特に自宅は、凝った意匠の家よりも、木材を生かしたナチュラルなもののほうが気分が安らぎます。

インテリアに緑の植物や香りのよい花を飾ったり、あるいは森林調のアロマオイルや香の活用も運気アップに役立ちます。

服装に関しては、あなたの個性全開でＯＫ。基本的には緑や青系の色が開運色になりますが、真夏の太陽のもとでは赤や黄の南国調の原色使いも、気をあげてくれます。

この目的ならこの星、この方位

ここでは自分が望む目的を達成するためのよい星、よい方位について見ていきましょう。もちろん、楽しみながら散歩や旅をすることによって、開運をしていくのです。それは、用い方次第で、人生の大きな目標へ向かっての自己実現の旅となるでしょう。

ただ、ひと口に開運とか自己実現とはいっても、人によって、その望むところは千差万別のはずです。

そして、星にも方位にも、それぞれ固有の働き、力がありますから、各自、目的にそった星や方位を用いることがひとつのポイントとなります。

また、星には誰しも生まれ星（本命星）によって、使える星、使えない星という制限もあります。

したがって、開運散歩（旅）は、そうしたいろいろな条件を考えた上で行われるものですが、あなたも回を重ねていくうちに、「吉方位」のうちでも特に効果の高い星や方位がきっと見えてくるでしょう。

それは、土地との相性、因縁（？）かもしれません。あるいは、何か目に見えない霊的存在のご加護かもしれません。

実は、気学では、そこまでは説明していません。この世の中は、わからないことだらけです。でも、だからこそおもしろいのだと思います。

星や方位の不思議を味わいながら、散歩（旅）に出かけてみましょう。

星（回座星）と方位（宮）の使い方

ここで、あらためて定位盤を見てください。（87ページ）

盤上の八方位に五黄土星を除く八つの星がそれぞれ配されていますが、これは、方位と星の関係をあらわしています。

定位盤上の方位と九星の意味は、ほぼ同じです。

たとえば、北三十度には一白水星が配されています。このことは、北三十度と一白水星が同じ象意（意味）をもつことをあらわしています。

北三十度といえば「水」をあらわす方位ですが、一白水星もまた「水」をあらわしています。

ですから、一白水星の象意を覚えたら、それは北方位があらわす意味と同じである、と覚えてください。

巻末の本命星別の「九星吉方表」（234ページ〜）を見ていただければおわかりのとおり、誰しも、すべての星が使えるわけではありません。

基本的には、本命星から見た五行の相性の悪い星は、用いることができません。そして、それ以上に絶対に用いてはならないのが、大凶殺方位（95ページ参照）です。

たとえば、あなたがよい縁談を得るために四緑木星を使いたい、と考えたとします。ところが、もしあなたの本命星が四緑木星であれば、四緑回座の方位はあなたにとって本命殺の凶方位となりますから、絶対に用いることはできません。

また、本命星が二黒土星、五黄土星、六白金星、七赤金星、八白土星の人も、五行から見た相性がよくないので、四緑木星を祐気の星（吉の星）として使うことはできません。

このような場合は、四緑木星のかわりに、その本来の座所である南東の方位を用いるのです。南東方位に、自分にとって祐気の星が回座した時に、散歩なり旅行なりの行動をおこす（移動する）のです。すると、四緑木星を用いたと同様の効果が得られます。

巻末の「九星吉方表」で、自分の本命星の箇所を見ていただければ、吉方に当たる時はすぐに見つけられます。

たとえば、本命星が四緑木星の人であれば、南東に吉となる星が回座している盤を探せばよいわけで、それは二黒土星中宮の年、月、日、時間（南東に一白水星が回座）、あるいは一白水星中宮の年、月、日、時間（南東に九紫火星が回座）となります。

本書の「九星吉方表」では、本命星別に用いることのできる星と方位とが一目瞭然に示されていますから、この表を見て吉方位を探せばまちがいはありません。「破」の凶方位については、96ページの「破の方位表」を見てください。


なお、本来の祐気取りの場合、一か月のうちに複数の吉方位へ行ってしまうと、効果は半減するといわれています。たとえば、ある月に東と西の吉方位があった場合、同じ月のうちに東と西の両方に行くことは好ましくない、ということです。同じ方位の吉方であれば、何回行ってもかまいません。

ただし、本書で提案している「開運散歩」の場合、こうした決まり事にあまりとらわれなくてもよいと思います。こうした知識はひとまず頭に入れておいて、ここぞという時には、しっかりと思い出して実行してください。

願いを叶える旅（散歩）に出かける

「熱い愛」と「新生」を呼び込む散歩道——一白水星もしくは北。30を用いる

一白水星を祐気（吉）の星として用いることができるのは、三碧木星、四緑木星、六白金星、七赤金星を本命星にもつ人です。その他の人は、北方位に自分にとって祐気の星がめぐってくる時を狙います。

一白水星が回座した方位（もしくは北。30）は、物事の「最初の一歩」をあらわしています。最初の一歩ですからまだ力は微弱で、そこには生みの苦しみもあります。一白水星の象意にある「困難」とは、そういうことです。

しかし、植物にたとえるならば一白水星は地中の種の状態ですから、やがて花咲き、実りの季節を迎えるでしょう。苦労の先には希望がいっぱいです。

その意味で、この方位は、これから何かを始めたいという若い人にもよい方位です。地味ながら、運気に粘り強い底力がつきます。

この方位を多用して、人間関係であれ、仕事や趣味に関することであれ、何か新しいことが始まってきたら、それは幸先のよい方位効果です。その小さな芽を大切にすることです。

一方、この方位には「裏、陰の事柄」という意味もあり、水面下での駆け引きにも強いのです。この方位を上手に使えば、むずかしい商談なども成立へと導くことが可能でしょう。夜の街での飲食や酒席での話し合いが、効を奏します。ただし、あまり策を弄すると、かえってドツボにはまることになってしまいます。

また、一白水星は「性愛の星」であることから、恋愛結婚を望む人や、パートナー募集中の人にも有効です。この星（方位）の作用で無条件に恋に落ちてしまうのですから、特に、ルックスや釣り書きの内容に自信がないという、いわゆる条件の悪い人には使える方位といえます。散歩や旅行のコースとして、活用してください。

さらに、この方位は美肌、血液の循環改善、冷え症改善、不眠症改善にも効果があります。この方位への温泉旅行では、その効果が十分に実感できるはずです。

この方位を用いて散歩をつづけていて、「最近、肌がきれいになったけど、何かしているの?」と聞かれたら、方位効果があらわれてきている証拠です。

散歩や旅行の途中で、水に関するものや店が目についたら、方位現象があらわれているのだな、という感じです。たとえば川、プール、銭湯、足湯スポット、酒屋、釣り具屋、飲食店などの生け簀《いす》やインテリアとしての水槽、水辺の写真などが目にとまった場合が、それです。

この方位は、心身のクールダウンにも役立つので、カッとしやすい人、イライラしやすい人にもおすすめです。

「怠け癖脱却」と「手芸上達」を呼び込む散歩道——二黒土星もしくは南西。60を用いる

二黒土星を祐気（吉）の星として用いることができるのは、五黄土星、六白金星、七赤金星、八白土星、九紫火星を本命星にもつ人です。その他の人は、南西方位に自分にとって祐気の星がめぐってくる時を狙います。

二黒土星が回座した方位（もしくは南西。60）は、「大地の受容性、包容力」をあらわしています。大地とは田や畑であり、それはわたしたちの足元にあり、ふだんは目立たないけれど、休みなく命（草木）を育んでいる存在です。

そうしたところから、この方位を用いると、まじめに努力をするという徳分が身についてきます。昔から、怠け者や学校嫌いの不良少年（少女）を更生させる方位として多用されてきました。

あなたがもし、「自分はニート、怠け者」と感じているのだったら、ぜひ、この方位を用いた散歩や旅行をしてみてください。ただ、この方位には即効性はありませんから、楽しみながら根気よくつづける必要があります。

また、この方位には、胃腸を丈夫にする働きがあります。特に、本命星に二黒土星をもっている人のなかには、胃腸が弱いために活力がでず、そのために怠けているように見られている人もいるので、そのような人にとっても有効な方位となります。

二黒土星は「土」の星ですから、農業、園芸などに関しては、いうまでもなく強い効果を発揮します。土ということで、土地、不動産という意味もでてきます。この方位を根気よく用いていると、骨惜しみせずよく働くようになり、最終的には土地持ちとなります。その意味で、手にした財産は、土地に換えることも重要です。

「土」の連想でいえば、土でつくられた陶磁器も二黒土星の属性です。

さらに、この方位には「手仕事、手工芸」という意味があるので、手先が器用になりたいという場合にも使える方位です。陶磁器をつくる作家などにとっても、旨味のある方位といえるでしょう。

散歩や旅行で手工芸品や郷土玩具、瀬戸物店などが目についたら、それもひとつの方位現象です。特に吉方位であれば、それらの品は幸運をもたらしてくれるお守りにもなりますから、気に入ったものを買うのも悪くありません。

神社の境内で行われる青空骨董市や公園で行われるフリーマーケットも、楽しい散歩コースになるはずです。

目につくものは決して高級品ではありませんが、便利で、なんとなく温もりのあるいい品に出会えるでしょう。そうした場所で、よい掘り出し物に出会えたら、強力な方位現象が働いている、と見ます。以降、運気はしだいに上昇していくでしょう。

「弁舌」と「若い力」を呼び込む散歩道——三碧木星もしくは東30°を用いる

三碧木星を祐気（吉）の星として用いることができるのは、一白水星、四緑木星、九紫火星を本命星にもつ人です。その他の人は、東方位に自分にとって祐気の星がめぐってくる時を狙います。

三碧木星が回座した方位（もしくは東30°）は、日の出の方位であり、若々しく元気のよい「陽の気」をあらわしています。

したがって、この方位を用いると、まず活発になって、積極的に自分をアピールできるようになります。三碧木星の基本象意は「雷」ですから、たまには周囲をびっくりさせたり、出すぎることもありますが、それも若々しい活力のあらわれです。シニアの人も、この方位の散歩や旅行をつづけることによって、いつまでも若々しい感性を保つことができます。

この方位を最も使ってほしいのは、いわゆる覇気のない人です。吉方位として、三碧や東を用いると、学業、仕事、人間関係のすべてにわたってやる気が充実、発展力がついてくるのです。

三碧木星は「声」によって自分自身を表現する星です。歌が上手になり、弁舌がさわやかになるのも、この星の徳分です。

人前で自分の意見が言えず、ひっこみ思案で損をしている人、職場でのプレゼンがうまくいかないという人は、重ねて、この方位の散歩や旅行をすべきです。

森林や豊かな木々の茂る公園などには、この星の「気」が生きています。ゆっくりと深呼吸をして、体のすみずみにまで、その気を取り込んでください。

散歩や旅行に出かけて、民家や店先からピアノやギターの音が流れてきたり、歌声などを聞いたら、それはひとつの方位現象です。どなり声、ケンカの声も方位現象です。

この方位へ出かけて「音」が特に耳につけば、それは方位の作用といえますが、それが美しい音、心地のよい声であったら、吉方現象ととらえます。その日の散歩では三碧木星(東)のよい「気」をもらえます。逆に、イヤな音やどなり声のような、心地のよくない声であったら、その日の散歩はすぐに打ち切りにしたほうがよいでしょう。

また、楽器やオーディオ製品、さらには電気製品全般を買う時には、散歩をかねて、この方位が吉方位となる時を狙って出かけると失敗がありません。

ただ、吉方位であっても、店の人の話は少々オーバーで、宣伝文句が多いかもしれません。少し割り引いて聞いておくことです。言い値は高めですから、元気よく値切ってみましょう。

時間に余裕のある時は、少し遠出をしてみてください。道すがら、ふと耳にした通行人の会話の断片から、思わぬアイディアがひらめくこともあります。

「縁結び」と「情報収集力」を呼び込む散歩道——四緑木星もしくは南東。60を用いる

四緑木星を祐気（吉）の星として用いることができるのは、一白水星、三碧木星、九紫火星を本命星にもつ人です。その他の人は、南東方位に自分にとって祐気の星がめぐってくる時を狙います。

四緑木星が回座した方位（もしくは南東。60）は、さわやかな「風」に乗せて、いい知らせを運んできてくれます。それは、耳寄りなビッグニュースだったり、うれしい手紙やメールだったり、思いがけないウワサ話だったり。

また、風に乗るのは自分自身でもあり、この星（方位）を用いていると心も軽やかになって、散歩でも旅行でも風とともについつい遠くまで足をのばしてしまい、帰宅は予定より遅くなる傾向にあります。

そして、遠方からいろいろな情報をもち帰ってくるのです。ですから、この方位を上手に

使いこなしている人は情報通であり、人脈も広いので、公私にわたってよい縁に恵まれます。

縁といえば「縁談」も、もちろん四緑木星の属性。理想的な縁談を求める人は、まず、この方位の散歩や旅行を励行すべきです。この方位でまとまる縁談は、主として見合いとか知人の紹介によるもので、よい条件が整い、双方の釣り合いも取れたところで結ばれます。お互い、多少の駆け引きが働きますが、結婚によって世間の信用が得られますから、二人の前途は洋々です。

一方で、この星は「商取り引き」の星です。四緑木星の徳分を十分に蓄えれば駆け引きに長じて、営業活動は活況を呈します。

散歩となれば、木々の緑の多いところ。第一に思いつくのは、なんといっても鎮守の森。そう、神社ですね。猛暑の真夏でも境内の木陰に一歩入れば、さわやかな風が吹きぬけてゆきます。そんな風にしばらくさらされていると、自然に心が清められていくのが感じられます。

散歩や旅の途中でツバメに出会ったら、さらにラッキー！　ツバメとの遭遇は、強力な四緑木星の吉方現象のサインです。

同様に、香、アロマオイル、香水、よい香りのする花なども、この方位の開運グッズです。

いつも自宅に、ほのかなよい香りがただよっていれば、そこは四緑木星のエネルギーに満たされたパワースポットとなります。

さらに、この方位を多用していると、気が長くなって、イライラすることが少なくなってきます。性格に柔軟性が養われてくるのです。その意味で、短気で飽きっぽかったり、一本調子で直情径行型の人にも有効な方位です。

総じて四緑木星の象意には、線路、飛行場、埠頭など、遠方への夢をかきたてる場所が当てられています。せっかくこの方位を用いたのなら、目を遠くに向けて軽やかに飛び立ってみたいものです。

「夢の実現」と「リーダーシップ」を呼び込む散歩道——六白金星もしくは北西。60を用いる

六白金星を祐気（吉）の星として用いることができるのは、一白水星、二黒土星、五黄土星、七赤金星、八白土星を本命星にもつ人です。その他の人は、北西方位に自分にとって祐気の星がめぐってくる時を狙います。

六白金星が回座した方位（もしくは北西。60）は、大きい夢に向かって進んでゆく人の背中を押してくれます。

たとえば、世界を舞台に闘うトップアスリートになりたいなどという途方もない夢に対しても、それを叶えてくれようとするのが六白金星の力。ただし、この星にももろさはあって、

とかく詰めが甘く、土壇場で頓挫ということも……。

夢が大きければ、それだけ忍耐や努力も必要です。開運散歩とともに、日々の精進もお願いしたいところです。

一方で、この星（方位）は、「独立」を促します。現在お勤め中で、将来は独立起業を計画している人にとっても有効な方位となります。起業に当たっては、当然まとまった資本金が必要になりますが、そうした「大金」をあらわすのも六白金星です。

六白金星は、「権威」と「施し」の星です。力のある人が、慕ってくる人たちに対してなんらかの施しをする――つまり、リーダーが仲間の世話をするというあり方を示しています。

この方位を多用していると、めんどう見がよくなって、細やかな目配りで大勢の人たちを平等に見つめるという人間力が自然に身についてくるのです。そして、いつしか集団のトップへと押しあげられていくでしょう。


この方位での散歩や旅行は、時には自転車や車を一部使っても楽しめます。距離がかせげるので、吉方の効果がでやすくなるという利点があります。大望のある人にとっては、有利です。

縁のある場所は、名所旧跡、大劇場、大競技場、有名神社仏閣など。住宅地なら高級住宅街です。どこも大きくて一流のところです。そして、何であっても正統派のものとかかわりをもつようになります。

したがって、どのような分野であっても、その道のエリートコースを目ざす人には、ぜひ使ってほしい方位といえます。

旅先では、ゴルフなどのスポーツを楽しんだり、スポーツ観戦に興ずることもあるでしょう。

ところで、この方位へ出かけると、たいてい予算はオーバーします。日ごろは無駄遣いをしない人でも、ちょっと背伸びをして財布のひもを緩めてしまうのです。買い物でも、つい一流品に目がいってしまいます。それも方位現象のひとつであり、悪いこととはいえませんが、後で困るようであれば注意して、気を引き締めることが必要です。

「お金」と「ムード満点の愛」を呼び込む散歩道——七赤金星もしくは西30°を用いる

七赤金星を祐気（吉）の星として用いることができるのは、一白水星、二黒土星、五黄土星、六白金星、八白土星を本命星にもつ人です。その他の人は、西方位に自分にとって祐気の星がめぐってくる時を狙います。

七赤金星が回座した方位（もしくは西30°）は、ズバリお金と楽しい愛に恵まれる方位です。

ただし、そのお金は流動的なもので、仕事であれば運転資金、一般的にはお小遣いといったところです。六白金星の「大金」に対して「小金」ということになりますが、実は、生活をしていく上では、この小金が大金以上の力を発揮してくれることも多いのです。

世の中には、どんなに大金を目の前に積まれても、使い方がわからない、という人もいるのです。それに対して、七赤金星（もしくは西）が運んできてくれるお金には、楽しいエネルギーも一緒についてくるのです。旅行に、デートに、食べ歩きに、ショッピングに……、生活は変化に富んだ楽しいレジャーで彩られます。

そして、この星は、男女の出会いも演出してくれます。楽しくムード満点の語らいは恋するふたりに、「これは映画のワンシーンでは？」と思わせてくれるに十分です。これも、星のマジックですね。

でも、この恋には多少お金がかかります。金の切れ目がなんとやら……にならないよう、この方位の散歩や旅行はせっせとつづけなければなりません。

散歩や旅行で出かける先は、劇場や音楽ホール、話題の飲食店など、都会が多いでしょう。そして、そういう場所には、たくさんの出会いが待っています。それは人との出会いばかりでなく、モノとの出会い、仕事との出会いということもあります。金のリングやネックレスが目にとまったら、それはラッキーアイテムかもしれません。

さて、都会の遊びに飽きて少し疲れたら、次の出先には、静かな湖沼地帯を選んでみてください。それが無理だったら、池がある公園でもよいです。そこは、星の力をリセットしてくれる場所です。新たに星の力をチャージしたら、再び、元気を盛り返して活動開始です。

七赤金星は「愛嬌星」ともいわれ、魅力的なおしゃべりや笑顔で、多くの人を引きつける力をもった星です。人気商売のタレントや飲食店など接客業に携わっている人には、特に使える星（方位）でしょう。

また、芸事上達を叶えてくれる方位でもありますから、歌や踊りなどを学んでいる人にとっても打ってつけです。この散歩コースに弁財天をお祀りしているお社を組み込むと、芸能上達の力には、さらにはずみがつきます。

「敗者復活」と「蓄財」を呼び込む散歩道——八白土星もしくは北東60°を用いる

八白土星を祐気（吉）の星として用いることができるのは、二黒土星、五黄土星、六白金星、七赤金星、九紫火星を本命星にもつ人です。その他の人は、北東方位に自分にとって祐気の星がめぐってくる時を狙います。

八白土星が回座した方位（もしくは北東60°）は、生活に揺さぶりをかけ、大きな変化をもたらします。したがって、今の生活に十分満足をしている人にとっては、むしろ危険性もあり、むずかしい方位といえます。

逆に、今まで失敗つづきで現在も身動きがとれない状態でいる、という人にとっては起死回生の方位となります。そのような人は、さっそく、この方位を用いた散歩や旅行に出かけてみましょう。

散歩の途中で行き止まりの道に入ってしまったら、それはひとつの方位現象です。それにしても、道の半ばで立ち止まっている姿は、現在、身動きがとれなくて困っている、その人の状況と同じですね。方向転換をして、再び歩き出さなければなりません。

高台、堤防、倉庫、ホテル、橋、石段などが目についたら、それも方位現象があらわれているサインです。どんどん先へ進みましょう。

旅行は、山がおすすめです。とはいっても、大層な登山をする必要はなく、低山でもよいし、体力に自信がないなら山が見える宿に泊まるだけでも有効です。

あるいは、山寺の宿坊に泊まってみます。チャンスがあったら、お寺のお勤めにも参加してみましょう。八白土星のエネルギーが十分にいただけるはずです。人生観が変わり、新しい道が開けてくる可能性が大です。

一方、八白土星は「蓄財の星」ですから、この方位は、浪費家でザルといわれるような人が用いるのにも打ってつけです。

この方位の散歩や旅行をくり返していると、自然に経済観念が発達してきて、いい意味で締まり屋になっていきます。若い人であれば、「ちりも積もれば山となる」の言葉どおり、やがて資産家となることも夢ではありません。入ったものはガッチリ貯めて、それを不動産、特にビルなど建物に換えるのです。アパート経営などもよさそうです。

総じて、この方位を用いたら生活に変化をもたせることがよく、そのことによって新しい可能性が見えてきます。試みに、家のインテリアを少し変えてみてください。家具の配置を変えたり、敷物を変えるだけでも効果はあります。日曜大工が得意な人は、ぜひ腕をふるってみてください。ただし、家の大々的な増改築は安易に行ってはいけません。

散歩や旅の途中で、足腰に違和感を感じることがあったら、「止まれ」のサインです。散歩であれば中止、旅は以降の予定を、よりゆるやかなものに変更して、決して無理をしてはいけません。

「美的センス」と「名声」を呼び込む散歩道——九紫火星もしくは南30°を用いる

九紫火星を祐気（吉）の星として用いることができるのは、二黒土星、三碧木星、四緑木星、五黄土星、八白土星を本命星にもつ人です。その他の人は、南方位に自分にとって祐気の星がめぐってくる時を狙います。

九紫火星が回座した方位（もしくは南。30）は、「真昼の太陽」のように輝き、花が満開に咲いている状態をあらわしています。

この方位は、華のある人生をもたらしてくれます。それは、見た目の美しさであったり、なんらかの能力、功績に対する名誉名声であったりします。

一方で、この星は真昼の太陽なのですから、物事を「白日のもとにさらす、明るみに出す」作用があります。内に潜んでいた才能も花開けば、隠していた秘密もオープンにされてしまいます。

この星を多用していると、公的立場にある人、有名人になるのです。一般の人であればあまり問題にされることもない、私生活上のことまでとやかく言われてしまうのも、有名人ならではのこと。

あなたがもし、「一度の人生、どうせならパッと華やかに生きてみたい」と考えているのでしたら、これ以上に打ってつけの方位はありません。

輝くオーラの必要なタレントや、美的センスがモノをいうアート系の世界で生きている人にも、価値のある方位です。

さっそく、散歩に出かけてみましょう。歩き始めて、目につくものが美しい花、センスよく着飾った人だったりしたら、九紫火星の「気」が生きているサインです。

ただし、この星は外から華やかに見える割には、内容が伴っていないことも多く、財運には意外に恵まれない傾向にあります。どうしても生活がハデになるので、収入と支出のバランスが悪いのかもしれません。

また、この方位を多用していると、地域の名誉職などにつくことが多いのですが、そういったものは収入にはつながりません。

しかし、この星は、ある特別な強みをもっています。それは、裁判、訴訟問題など官公庁がかかわってくる場面において発揮されます。訴訟問題や警察がからむような問題をかかえている人には、強い味方になってくれる星（方位）です。

また、すべてを「明らかにする」という意味で、この方位を用いているとモノの真贋を見極める目が開けてきます。書画骨董の目利きになれるのです。

散歩や旅行では、骨董店や画廊をめぐるのも楽しいことです。そうした場所は、九紫火星や南の「気」が活性化された、パワースポットです。実は、この方位を用いて財を成す人の多くは美術品のコレクターでもあります。

四章――パワースポットに行ってみる

場所との縁を味わう

振り出しは身近なところから

パワースポット散歩といって、まず誰もが最も簡単に実行できるのは自宅周辺の散歩でしょう。そこは、近隣の住人にとっては、とても縁の深い場所のはずです。

氏神さまをコースに組み込めば、効率のよい散歩道となります。多くの氏神神社は、初詣での松の内はにぎわっていると思いますが、ふだんは静かなものです。掃き清められた、しんとした境内を歩くことは清々しく、気持ちのよいものです。

祐気取りなどで初めての神社を訪れる場合、街中であっても、木立が見えてきたら、そこに神社があることが多いものです。夏でしたら、セミの大合唱も神社の存在を知らせるサインとなります。

特に方位がよい時だったら、しばらく境内の木陰で休んで神気をいただいていると、心の中に涼やかな風の通り道ができたような心地になります。

人の気配のない神社といっても、たいていはまったく無人ということもなく、誰かしらを見かけるものです。近所のお年寄りや、主婦と思われる人が自転車でやってきて、お参りをしていくのです。たまに、ごく若い人のお参り姿も見かけます。

ある時、ランドセルを背負《しょ》った小学生が何人かでにぎやかに境内に駆け込んできたと思ったら、そこは天神社《てんじんしゃ》でした。なるほど、学問の神さま・菅原道真《すがわらのみちざね》がお祀りされている神社です。少年野球がさかんな地域の神社には、野球のボールが奉納されていたりします。バットをもった野球服姿の少年たちが、神社近くの小学校に向かっているのを見かけて、そういうことか、と納得しました。

神社によって、地域によって、色々特色があっておもしろいものです。

さらに、どの地域にも郷土の歴史がありますから、そんなところにも目を向けながら歩くと、日々の散歩がさらに楽しくなります。

わたしが住んでいる地域にも古いお地蔵さまや石塔などがあって、そうしたなかにも、思いがけない庶民の歴史が刻まれていることを知るのです。

なお、パワースポット散歩は当日雨降りであれば、変更がきく場合には中止にするのが無難です。

弘明寺――神奈川県横浜市

さて、パワースポット散歩で次にわたしが引きよせられるのは、やはり産土《うぶすな》の地、生まれ故郷に近い場所です。

おそらく、誰にとっても生まれ故郷とは、そういうところではないでしょうか。

わたしの出生地である横須賀の高台から前方を眺めれば、今でも、そこにはかつて自分が幼い日に眺めていたと同じ海が光っているのです。小さな無人島の猿島《さるしま》も見えます。

生家の窓からは、京浜急行の列車が走ってゆくのも見えました。

わたしが物心のついたころ、電車といえば京浜急行の赤い車体であり、わが家ではその沿線のそこここについて、よく話題になっていました。なかでも、たびたび耳にしたのは「弘明寺《ぐみょうじ》」という名でした。これは、お寺の名であり、駅の名でもありました。弘明寺駅は横浜から下り六駅目で、下車するとすぐに弘明寺という寺があり、そこからつけられた駅名でした。

弘明寺は、「弘明寺観音」といわれる十一面観音で知られる古刹《こさつ》です。

ご本尊の十一面観世音菩薩立像《じゅういちめんかんぜおんぼさつりゅうぞう》は、鉈彫《なたぼ》りによるハルニレの一木造《いちぼくづく》りで、平安時代中期の作です。天下に悪病が流行した折、庶民の除災招福を願って彫られたと伝えられています。

素朴で温もりのある木の肌、ふっくらとしたやさしい面立ち、それでいて力強く、超然と直立しています。この木像の観音さまは、今に至るも、たしかに地元の人々の頼りになる存在、と感じられます。

わたしがようよう物心がついたころには、わが家では「弘明寺さま」とよんで、この寺に特別に近しいものを感じていたようですが、それには、ちょっとしたきっかけがありました。

もともとわたしの両親は土地の人間ではなく、戦後、父の仕事の関係で横須賀に住むことになったのですが、母は、かならずしも土地になじんでいるというわけではありませんでした。母は、住み慣れた東京に戻りたいと願いつづけていたのです。

そんなある日のことでした。

家の掃除をしていた母の耳に、涼やかな鈴の音が聞こえてきました。わが家は小さな山へとつづく坂道の途中にありましたが、鈴の音は坂の下のほうから上のほうへと、しだいに近づいてきました。

ちりん、ちりん、ちりん……。

それが、ちょうどわが家の玄関口にきたところでピタリと鳴り止むと、そこには手っ甲脚半をつけ、ま新しい托鉢《たくはつ》の装束に身をかためた若い僧が立っていたのでした。

托鉢の僧は、読経の後、自分は横浜の弘明寺からきた僧であること、また、弘明寺ではもうじき観音四万六千日《しまんろくせんにち》のご開帳があるからぜひお参りにくるように、ということを告げると、そのまま坂を下って去っていったといいます。（後に弘明寺のご住職に伺ったところによると、戦後の一時期、寺ではさかんに托鉢の僧をだしていた、とのお話でした）

四万六千日というのは元禄以降に始まった縁日で、この日にお参りをすると四万六千日参詣したと同じ功徳がある、といわれているものです。

七月の八、九、十日がその日でしたが、この時、両親は幼い姉とわたしを連れて、あの托鉢僧に教えられたとおり、お参りに行ったのでした。

わたしたちの住んでいた掘ノ内《ほりうち》から弘明寺までは、京浜急行で一本です。弘明寺駅におりたつと、もう護摩の香りがたちこめて、そこはちょうど寺の裏手に当たっていました。

弘明寺観音参拝を終えて三日ほど後のこと、母の念願は叶って、家族は東京へ移ることが決まったのです。

時は流れて、一家のあくせくとした東京暮らしも年を重ねてゆきました。その間、しょっちゅうとはいえませんが、家族は時々弘明寺に出かけました。

そうしたなかで、わたしは観音信仰について知るとともに、聖天《しょうでん》さまについても知る機会を得ました。

聖天さまとは歓喜天《かんぎてん》（大聖《だいしょう》歓喜天）ともいわれ、もとはインドのヒンズー教の神であったものが、後に仏教に帰依するようになったという、仏教の守護神です。人身象頭で二天が抱擁し合う像が多いのですが、秘仏であり、特別の場合以外はご開帳されないのがふつうです。

聖天さまのその働きは強大で、人間のどんな願いでも叶えてくれる反面、きちんとお祀りをしないと天罰がくだされる、という厳しい面ももちあわせている、と聞いています。また、いったん本式に信仰を始めたら途中でやめることは許されないので、安易な気持ちでの信仰は厳禁です。

そうしたことから、聖天さまは昔も今も、わたしにとっては近よりがたい存在です。

しかし、わたしはこの弘明寺ではじめて聖天さまの祭壇を参拝することができましたし、おだん（歓喜団）といわれる珍しい、きんちゃく型の油菓子をいただくこともできました。おだんは、奈良時代に遣唐使によって、わが国に伝えられたという聖天さまのお供物で、聖天さまの好物なのだそうです。

弘明寺では、そのお下がりを参拝者に配ってくれたのだったと思います。中のあんは強い香木の香りがして、これが聖天さまの好物なのか、と感心しながら味わったことを覚えています。

わたし自身は聖天信仰などできるわけもないのですが、その後、折にふれて聖天さまを信仰している人からご祈祷をしていただくなどのご縁がありました。そんなせいか、聖天さまはわたしにとって、なんとなく気持ちがひかれる存在であることはたしかです。散歩や旅行でも聖天さまに参る時には、心がキュッと引き締まります。それでいて、なんだか親しみを感じるのも不思議です。

聖天さまは、真言宗や天台宗の密教寺院でお祀りされています。弘明寺は本堂（観音堂）の他に聖天堂があり、聖天さまはそちらにお祀りされています。

本堂では毎月八の日（八、十八、二十八日）に護摩行《ごまぎょう》が修されていて、誰でも自由に参加することができます。

護摩供養法は、仏教が興る以前から古代インドで行われていた火炎による呪法が、その起源です。供物を焼いた火炎、煙を天上界に捧げて、神々にわたしたち人間の願いを届けるものでした。

……その後、さらに月日は流れて、平成も終わりに近いある年、母は満百歳で天寿を全うしました。母が最後まで身につけていたお守り袋の中には、「弘明寺」と刻印されたお守りが入っていました。

その年、姉とわたしは母の写真を携えて弘明寺を訪れました。観音さまのご縁日、護摩行修行の日です。

　本堂も揺れんばかりに打ち鳴らされる太鼓の音と、大きく揺らめき立ちのぼる火炎とによる熱祷は、すさまじい迫力です。わたしはこのご祈祷には以前も参加したことがあったのかもしれませんが……、あらためて圧倒されてしまいました。

　母も仰天しつつ、あちらの世界からこの護摩供養に参加していたのではないでしょうか。

　護摩供養とは、まさしく火と音とによるご供養です。これを九星に当てはめれば、九紫火星と三碧木星とによるご供養ということになります。

　この日、わたしたちはこのふたつの星の徳分を存分にいただいて弘明寺の山門を出ました。


　寺を後にして、時間がある時にはレトロな雰囲気の弘明寺商店街をぶらぶらと歩きます。

　このあたりは伝統ある門前町かと思ったら、そうではなくて、終戦後の闇市を起源とする商店街なのだそうです。かつて弘明寺の境内はとても広くて、門前町といえるところはもっと離れた場所にあったようです。

　商店街の途中、大岡川が通りを横切るように流れていて、川沿いは桜並木ですから花の季節もよさそうです。

　どうやら、わたしたちが昔から弘明寺を訪れていたのは、たいてい七月の四万六千日功徳《くどく》拝の時だったようで、桜の季節は知りません。そうしてみると、わたしたちはいったい、何年分の功徳を積んだというのでしょうか!?　ずいぶん、欲張ったものです。

横浜中華街――神奈川県横浜市

弘明寺商店街をぬけたら地下鉄で関内《かんない》方面に出て、たいていは横浜中華街をめざします。ここも、幼いころから家族でよく散歩をした場所です。

中華街は、わたしの幼いころからすでに観光地ではありましたが、それにしても変わったものです。店が皆リニューアルされて、きれいになっています。

街はにぎやかでワクワク感がいっぱい、七赤金星の気が満ちています。ここで長居をしていたら、財布はだいぶ軽くなるでしょう。それでも、十分、それに見合うほどにエネルギーのチャージはできそうです。関帝廟《かんていびょう》も媽祖廟《まそびょう》も、ウェルカムムードで楽しめます。

関帝廟の近くには、占い館もあるようです。道沿いの電柱に「霊視占　初回五百円」という広告が出ています。

入ってみることにします。

鑑定人は年配の男性で、昔の中国の有名道士《どうし》と同じ名でした。

「初回五百円ですね」

わたしは念を押しつつ、道士の前に座りました。

「何を観ますか」

「今している仕事、どうなりますか」

道士は、即座に八面体サイコロを振りました。八面体サイコロというのは、筮竹《ぜいちく》を使わずに簡単に行える易占《えきせん》のための道具です。サイコロが八面体になっていて、それぞれの面に八卦《はっけ》をあらわす文字が刻まれているのです。

振られたサイには「兌《だ》」という字が見えました。

道士は、紙に何か書いています。

「仕事は順調にいきます。四か月目に、何かよいことがありますよ」

二、三の会話の後、わたしは早々に話を切りあげ、席を立ちました。初回五百円は「五分」と書いてあったからです。

その時、道士に何か印刷物を渡されました。後で見たら、そこには占いの案内と、わたしを占った時の卦《け》が、これは手書きで書かれていました。

「兌」がふたつ重なった卦です。気学の大もとは「易」にあるのですが、「兌」を九星に当てはめれば「七赤金星」となります。ああ、やっぱり、とわたしは思いました。道士の振ったサイコロには、この場所によってもたらされた、わたしの気分があらわれていたようです。

「兌」とは七赤金星、つまり「楽しいこと」という象意です。その楽しいことが、ふたつ重なっている卦なのです。

ここ中華街は、本当に楽しい「兌」(七赤金星)のエネルギーに満ちた街なのです。

次は姉の番です。

姉は何やら、生年月日にくわえて生まれた時間まで聞かれているようです。何か、長々としゃべっています。初回といっても、これではとても五百円ではすまないだろう……と思って待っていたところが、意外にも姉も五百円ですんだとのこと。サービスをしてくれたのでしょう。

姉が道士から渡されたという紙を見て、わたしはびっくりしてしまいました。そこには「紫微斗数占星術《しびとすうせんせいじゅつ》」による姉の命式《めいしき》(占いのもととなる、生年月日時間から割り出された星の配列)が記されていたのです。

紫微斗数占星術といえば、わたしはもう何十年も前に仕事の関係で少しかじったことがあり、依頼人の命式作成の煩雑さに大いに苦労したのでした。

今や、それがコンピューターで一瞬のうちに弾き出されるのです。

そうはいっても、その命式を読みこんで解釈し、依頼人へのアドバイスへとつなげていく仕事は、最終的には、やはり鑑定人の力量にかかっています。道士の役目は、ますます大きくなっていくのでしょう。

叶神社（西叶神社、東叶神社）——神奈川県横須賀市

ある時、わたしは京浜急行本線の終着駅、浦賀にある叶《かのう》神社に行ってみることにしました。三浦半島東部にある神社です。

この神社は「西叶神社」と「東叶神社」のふたつの神社で一対になっていて、浦賀湾をへだてて向かい合うように建てられています。

東西の両参りをすることで願い事が叶えられる、というわけです。しかも、両お社《やしろ》を結ぶのが渡し船というのですから、気分が盛り上がります。

近年、縁結びにご利益のある神社として人気が高まっているようですが、海という水の力（一白水星です！）も加勢して、たしかに縁結び効果は大きいはずです。

デートスポットにもおすすめですし、いいところまでいっていてあと一歩、という場合には、ぜひお願いに詣《もう》でてみたらよいと思います。

創建は西叶神社のほうが先で、平安時代末期です。その後、村人たちの希望により、西叶

神社からご祭神を勧請、東叶神社が創建されたということです。

一般的なルートでは、浦賀駅からバスを使って、まず西叶神社を参拝します。こちらは見事な彫刻の施された社殿が見ものです。

しっかりとお参りをしたら、ここで授与品の勾玉《まがたま》をいただきます。水晶（白透明）、めのう（赤）、ひすい（緑）の三種類があって、好きなものを選びます。

貴石のパワーについてもいろいろな考え方がありますが、五行の色に当てはめれば白は金性、赤は火性、緑（青）は木性ということになります。

ちなみに、水性の本来の色は黒なのですが、水晶からは一白水星の気を強く感じます。ここでは、胸にちょっと意識を向けてみて、自分にピンとくるものを選んだらよいでしょう。

さて、それから「浦賀の渡し」に乗って約三分の船旅です。もう少し乗っていたい、と思ったところで到着。下船後は住宅街を少し歩きます。

東のお社に着いてすぐにわたしの目を引いたのは、深々とした緑の裏山を背負った社殿と、手前の階段わきに植えられた数多くの蘇鉄《そてつ》です。この蘇鉄は、源頼朝が奉納したものだとか。明るい海辺の景色に蘇鉄がよく映えて、ひときわ印象的な眺めとなっています。

裏山の奥の院に行くためには、二百段以上の階段を上らなければなりません。今回は、途中でリタイアです。無理をしてはいけません。それでも、途中から眺めた海の景色がすばらしく、十分満足でした。

こちらの神社で、先ほど西叶神社でいただいたお守りの勾玉をいれる袋をいただきます。勾玉を袋に納め、お守りは完成。これで願成就まちがいなし！　という、達成感がいいのでしょうね。この神社の人気の理由の一端が、わかるような気がします。

こちら東叶神社には、境内にごく小さな洞窟のようなところがあり、身代わり弁財天がお祀りされています。これが、とてもいい雰囲気です。

しっかりお参りをして、神社を後にしました。

浅草寺、待乳山聖天、今戸神社、玉姫稲荷神社——東京都台東区

今回のパワースポット散歩は、東京都浅草《あさくさ》界隈の神社やお寺です。

連れ人は姉とその友人で、雷門《かみなりもん》の前から出発です。ここは、さすがわが国有数の観光地、外国人観光客も多く、みんな写真を撮ったり待ち合わせなどで立ち止まっていて、ごった返しています。客待ちをする人力車も何台か、観光地らしい風情をそえています。

わたしたちは、さっそくにぎわう人の波にのるようにして、浅草寺本堂に向かって仲見世通りを歩きはじめます。

本堂（観音堂）は、やはり何回見ても立派です。長年、現役バリバリの観光地を張りつづ

けているだけあって、手入れもゆき届いて、活気があります。わたしが子供だったころよりも、ずっとすきがなく、きれいになったと感じます。

この日は、ここで参拝をすませたら、隅田川べりにでて北東方向にぶらぶらと行きます。向かう先は、待乳山《まっちやま》の聖天さまです。浅草駅からは徒歩十分ほどの立地で、隅田川ぞいの小高い丘の上にあるのです。

待乳山聖天の正式名称は本龍院《ほんりゅういん》、浅草寺の子院のひとつでもあり、ご本尊は聖天さま。こちらの聖天さまは、奈良の生駒《いこま》聖天、熊谷《くまがや》の妻沼《めぬま》聖天とならんで、日本の三大聖天のひとつに数えられています。三大聖天のなかでは一番都心近くにあるだけに、一般の観光客にも訪れやすいのではないかと思います。ちょっとした高台の上という立地にもよるのか、都会でありながら俗世間とは一線を画するような佇《たたず》まいで、特別の空気感があります。

境内はよく手入れがゆき届いて、思わず襟を正したくなります。本堂にあがればますますその感は強くなって、胸にキュッと軽い圧を感じます。やはり、伝統あるご祈祷《きとう》寺院なのです。

今回は、境内で用意されている大根を求め、聖天さまにお供えしました。大根は、聖天さまにつきもののお供え物です。

聖天さまを後にしたら、そのまま進んで次は今戸《いまど》神社です。

こちらは到着したらすぐに、にぎにぎしくたくさんの招き猫さんがお出迎えしてくれます。かわいらしいグッズもたくさんあって、七赤金星の雰囲気が満開です。なるほど、縁結びのご利益で人気のある神社ですね。デートスポットにも最適と見ました。

浅草名所《などころ》七福神のひとつで、福禄寿《ふくろくじゅ》もお祀りされています。


ここからは今回の散歩のゴール、南千住の玉姫稲荷《たまひめいなり》神社に向かいます。この神社の創建は古く、京都の伏見稲荷大社よりご祭神が勧請されています。

姉とわたしは以前にもお参りにきているのですが、今回は逆のコースをたどったため、途中、交番で道を尋ねながらの到着でした。

神社に近づくにつれ、にぎやかな太鼓の音が聞こえてきて、人の波もだんだんと濃くなってきました。通りの両側にはずらりと特設の靴や鞄の店が並んでいて、この日は春の靴祭りの日なのでした。

この地域は昔から靴のメーカーが多く、そのため神社の氏子さんにも、靴や革製品に関係する仕事に携わっている人が多いのです。それで、年に二回春と秋（四月、十一月）とに、それぞれ二日間にわたって靴祭りが開催されるのですが、町をあげてのお祭りには靴をかたどった「靴神輿《くつみこし》」もでて、地域色の濃い興味深いお祭りです。

この日の参拝者のなかには、もちろん激安の靴や鞄がお目当てで遠くからやってくる人たちも多いのですが、しかし、イベントはそれだけではありません。

靴供養があるのです。ここ玉姫稲荷神社では、この日に特設の祭場を設けて、使用ずみの靴の供養が行われるのです。わたしたちが到着した時には、すでにたくさんの人たちが納めた古い靴がまさに山と積まれていて、ご供養の時を待っているのでした。

わたしも古い靴を二足もっていきました。火焚串《ひたきぐし》（護摩木《ごまぎ》）には、「健脚」と「身体健全」のご祈願を書きました。

式典では、宮司さんのお祓いの後、大勢の願いのこもった火焚串を火中に投じ入れます。わたしたちも式典に参加して、火焚串を投じ入れる役目をさせていただきました。

ここで、供養ということについて、ひと言くわえておきます。

昔から日本では人形供養、針供養、箸供養、筆供養、くし供養……などなど、いろいろな「もの」に関する供養が行われてきました。わが国には、古来「付喪神《つくもがみ》」といって、古くなった道具やものに霊が宿る、という伝承があります。ですから、使用ずみのものといえども、不用意に処分することを慎んできたのです。そこに、供養の必要性があったのです。

もちろん靴も例外ではなく、そればかりか、履物というものは、処分するに当たって特に注意を要するもののひとつではないかと、わたしは感じます。古い履物というと、いつもわたしは「忌み草履《いそうり》」といわれる呪《まじな》いの話を思い出します。

それは、まだ葬式の多くが野辺送りであった時代のこと。当時、墓場の入り口あたりには鼻緒を切った草履がいつも散乱していた、といいます。棺を担ぐ人たちが、葬式を行った屋敷から墓場まで履いていった草履を、帰りには鼻緒を切って、その場に捨ててくるからです。死者を運ぶ時に履いていた草履は捨てて帰らねばならず、しかも鼻緒を切る必要がありました。さもないと、死霊がその草履をつてに戻ってきてしまう、というのです。たしかに、履物はつねに主《あるじ》の足を守りながら地を踏み、床に触れ、土地や場所の霊気を強力にためこんでいくものです。

なお、この神社には境内社として「口入《くちい》れ稲荷神社」という神社があります。口入れとは昔風の言葉で、今様にいえば「仲介人」のこと。こちらのお稲荷さまは、その名のとおり仕事や縁結びのお世話をしてくれるのでしょう。職探しをしている人やパートナー募集中の人は、よい方位に当たる日を選んでお参りされるとよいと思います。

その場合、自分の地域の氏神さまにも、よくお願いされることをおすすめします。

安倍晴明神社、阿倍王子神社――大阪市阿倍野区

わたしにとって大阪の石切《いしきり》という地名は、昔からなじみのあるものでした。それは、たまたま母の学生時代からの友人に石切出身の人がいたからなのですが、後年、そこに「石切さん」とよばれてお百度参りで有名な神社があることを知りました。

その神社は特にがん封じに霊験があるということで、そうした願掛けのお百度参りをする人が、一年中、雨の日も雪の日も絶えないというのです。

石切という場所は大阪のずいぶん奥のほうにあり、漢方薬の製造元が多いため、駅をおりると漢方薬特有のにおいがたちこめていること、占いの店がやたらに多いことなどを、ずっと以前に母から聞かされていたのですが、神社の話は聞いたことがありませんでした。

ですから、石切にそのような神社があると知った時にはちょっと意外な気がしました。

そうか、石切にはそんな神社があったのか。石切とは、そういうところだったのか。では、いつか「石切さん」に行ってみよう。

わたしの気持ちは、石切へと強く引き寄せられました。

大阪へ行くチャンスがやってきました。一泊の予定で、姉と行ってみることにしました。

東京から大阪（新大阪）は、新幹線で一本なので気楽です。大阪は、繁華街を中心に電車、地下鉄が縦横に通っているので、移動には便利そうです。

出発前に交通ガイド図を見ながら、簡単に計画を立てました。

一番目の目的は「石切さん」です。「石切さん」は、正式には石切剣箭《いしきりつるぎや》神社といって、大阪の東のはしにあります。電車の路線図を見ていて、石切のすぐ隣はもう奈良県の生駒《いこま》であることを知りました。

生駒といえば、日本三大聖天のひとつ生駒聖天の鎮座する地です。

これはラッキー！　では、石切神社から生駒聖天にまわってみよう、ということに決定。けっきょく、今回の旅の大きな目的は石切さんと生駒の聖天さんということになりました。

石切に到着するまでのあいだに、地の利のよい安倍晴明《あべのせいめい》神社と阿倍王子《あべおうじ》神社を訪ねることにしました。

安倍晴明といえば今からおよそ一〇〇〇年も昔、平安時代中期に活躍した、占い界のスーパースターともいえる人物です。彼は朝廷に仕える陰陽師《おんみょうじ》で、天文、暦に通じていて星や雲の動きを読み、暦を用いて宮中の異変や遠方でおこる事柄について、その吉凶を言い当てたと伝えられています。

この晴明の行った陰陽道は中国伝来のもので、易、ひいては本書の骨子となっている気学や九星術にもつながっています。であれば、やはり今回のパワースポットめぐりの旅で、安倍晴明神社ははずせません。

安倍晴明をお祀りする神社といえば、京都の晴明《せいめい》神社が有名です。こちらは、晴明が陰陽師として活躍し、また亡くなった地でもあります。その屋敷跡に建てられたのが京都の晴明神社です。

それに対して大阪の安倍晴明神社は、晴明の誕生地との伝承が残っています。

安倍晴明神社は地下鉄御堂筋《みどうすじ》線の天王寺から、上町《うえまち》線というチンチン電車（路面電車）に乗り換えて行きます。この電車に乗ったら、とたんにローカルな雰囲気が盛り上がって、一気に旅行気分がしてきました。

下車駅の東天下茶屋《ひがしてんがちゃや》駅は、すぐでした。わたしたちはいつものように、近くにいる人に尋ねて目的地に到着。そこは、清潔感のある気持ちのよい住宅地にある、こぢんまりとした神社でした。

境内右手には晴明公と白狐《びゃっこ》の像があって、参詣人を迎えてくれます。

伝説によれば、晴明の母親は葛之葉《くずのは》を名のる白狐ということになっています。ある男性に命を助けられた狐が恩返しのために男性の妻となって、子を生《な》すという伝承譚ですが、式神《しきしん》

（精霊）を自在に使役したという晴明には、そんなロマンあふれる物語がよく似合っています。
この安倍晴明神社は、ここから五十メートルほど先に鎮座する阿倍王子神社の境外社です。

阿倍王子神社は、和歌山県の熊野三山《さんざん》（熊野本宮《ほんぐう》大社、熊野速玉《はやたま》大社、熊野那智《なち》大社）の末社です。王子社とは、熊野三山の末社という意味で、かつて熊野詣でがさかんだったころ、その途中の街道筋につくられた神社です。それは、参詣者の遥拝《ようはい》（遠くから礼拝すること）や休憩の場でもあり、多くの王子社がつくられたのでした。

阿倍王子神社も、そうした王子社のひとつでしたが、現在では、大阪府下で唯一、旧地に現存する王子社であり、由緒正しい神社です。

住宅地のど真ん中といってもよいところに、こうして手入れのゆき届いた神社のある景色は清々しく、歩いているだけで気持ちが晴れやかになってくるのが感じられます。

こちらの両神社の参拝をすませたら、この日は大阪の観光を楽しみながら、石切付近のホテルで一泊です。

石切藤地蔵、石切剣箭神社――大阪府東大阪市

翌日は、午前中に近鉄けいはんな線の新石切駅にでて、石切さんに向かいます。この駅は近鉄奈良線の石切駅よりずっと新しく、昭和六十一年の開業です。石切出身の母の友人も、知らない駅なのです。けれども、石切神社に行くには、こちらのほうが近道です。

駅をおりるとすぐに石切藤地蔵《ふじじぞう》というお地蔵さまが祀られていて、これがなかなかいいものでした。その名のとおり、藤棚の下のごく狭い敷地にあるのですが、小さな畳の間があって、そこに祭壇があります。いかにも温かい雰囲気で、誰か世話人のような人がでてくるのかと思ったら、無人でした。

お線香をさしあげて、昔なじみの家におじゃましたような気分で参拝させていただきました。

お地蔵さまを後にしたら、一路「石切さん」へと急ぎます。

やがて、不意に鳥居が見えて、神社が目にとびこんできました。……でも、この神社は目ざす神社ではないだろう、と思いました。想像していたよりがらんとして、人も少なかったからです。

ある日の新聞の記事によれば、わたしたちが目ざしている神社は「平日でも百度石の間はラッシュアワーのように混雑し……」と書かれていたのに、それほどでもなかったのです。

けれども次の瞬間、すぐに百度石（お百度参りのための目処《めど》となる石）が目にはいって、あっ、ここが「石切さん」なのだ、と気づきました。

見れば、たしかに本殿前に十メートルほどの距離を隔てて据えられたふたつの百度石のまわりをめぐる何人かの人たちがいました。境内には、それ以外の人たちもぱらりといます。

この日は十一月末日の平日でした。考えてもみれば、平日にこれだけの参拝人がいる神社は、そうはありません。この時季、門前のいちょうは黄金色で美しかったのですが、お参りの人は少ないころかもしれません。わたしは、勝手に祭りの日の神社のような有りさまを想像していたのです。

ここは、まちがいなくお百度参りで全国に名の知れた石切剣箭《つるぎや》神社なのでした。当神社は戦火にあい記録類が失われているため詳しい由緒は不明とのことですが、九世紀からつづいている神社であり、お百度参りは江戸時代には行われていたといいます。

お百度参りとは、もとは心願成就を祈念しつつ、百日間神社にお参りをするものでした。それが、やがて社寺の鳥居や山門から本殿（本堂）までを一日で百往復するものになっていったようです。

あまり目立たないのですが、百度石が据えられた社寺は意外にあるものです。

また、お百度参りは、その姿を人に見られないほうがよいという話もあります。そうだとすると、二十四時間開放され、明かりもともされるという「石切さん」では、夜中にお百度参りをする人も多いのかもしれません。

数をとるための、こよりを束ねた「お百度ひも」も、無償で二十四時間常備されています。ふたつの百度石のまわりを一周するたびに、こよりを一本ずつ折っていくのです。


本殿でお参りをすませたら、お百度ひもを手に、わたしたちもさっそくお百度参りの輪に入ります。

実は、このお参りにわたしは心の中でふたりの知人を連れてきていました。闘病中の人です。ですから、わたしはこのお百度参りは自分をふくめて三人で行っている――、そう心に思い定めて歩きはじめました。

九時前。すでに五人の人たち（女性四人、男性一人）が時計回りに、ふたつの百度石を往復していました。大体、年配の人たちです。しばらく七人で列をつくってまわっていましたが、途中、人がいれかわるなどして今度はずいぶん若い男性もまわっています。

わたしは、一周するごとに本殿でご挨拶をします。ちょうど百度ひもが半分ほど折れたころでした。本殿でご挨拶をしていたら、上方から何やらブーンという、低い、蜂の羽音のような音が聞こえてきました。はじめ、本殿の中で使っている掃除機の音だろうか、と思いました。あるいは、修理のために境内で行われている工事の音か――。よく注意をしてみました。どうやら、掃除をしているわけではないようです。工事の音とも違います。蜂の羽音でしょうか、それともちょっと違うようようです。

では……？　実は、この音は霊的な場所でごくまれに聞くことのある音です。

本殿前で、わたしがしばらく立ち止まって耳をすませていると、やはりお百度参りをしていた年配の女性が立ち止まって、何かに注意を向けているようでした。次の瞬間、わたしと目が合いました。すると、その女性は小さくうなずいて、それから立ち去り、再びお百度参りの輪の中に入りました。わたしも、すぐにつづきました。

やはり、何か霊的なしるしをあらわす音だったのでしょうか。

わたしたちのお百度参りは、十時過ぎに終了しました。わたしは本殿で、心中の連れ人ふたりともども、再びしっかりとご祈念をしました。

使用ずみの百度ひもを返したら、すでに何十本ものひもが返却されていました。いつからのものかはよくわかりませんが、すでに何十人かの人たちがお百度参りを終えていたのです。

それから、姉とわたしは境内をゆっくりと散策して、お社《やしろ》を後にしました。境内は、やや雑多な感じで、やはり庶民に親しまれている神社なのだと感じました。

参道は平日だったせいか、少し寂しく、たしかに占いの店はありましたが、母の話から想像していたほどには多くありませんでした。

けれども考えてみれば、母が当地にある友人の家を訪ねたのは、女学生時代のことなのですから、なんと、もう八十年くらいも昔のことなのでした！　その時と同じ、ということはあり得ない話なのです。

漢方薬を売っている店もありましたが、あたりに漢方独特のにおいがたちこめている、ということもありません。そういえば、母のその友人の実家は漢方薬の製造元だったとのことですから、もしかしたら、まだ血縁の人がいたかもしれません。そんなことを考えながら、石切駅に向かって歩きました。

途中、小さな店で甘酒をいただき、店の人と少し話をしました。街も、さまざまに変化を遂げていくようです。話のはしばしから、そんなことが感じられました。

宝山寺生駒聖天——奈良県生駒市

着いた石切駅は、来た時の新石切駅とは違います。こちらは近鉄奈良線で、大正三年開業と古いのです。

わたしたちはここから、次の駅である生駒に向かいました。

隣の駅なのだからすぐに着くのだろう、そう思って電車に乗ったら、すぐにトンネルに入りました。それはいつまでたっても抜けることのない、不思議なトンネルです。わたしたちは、とんでもない山の中を突き進んでいるのです。これから向かう先は、石切とはまったく別世界なのか……と思っていたら、不意に明るくなりました。トンネルを抜けて生駒駅到着。わずか四分ほどのことでした。

生駒駅から目ざす宝山寺《ほうざんじ》生駒聖天までは、ケーブルカーを利用します。この生駒ケーブルは日本最古のケーブルカーで、一九一八年に営業開始。

二〇〇〇年から運行している「ブル」と「ミケ」という名のついた、犬型、猫型のファンシー系のカラフルな車両がゆっくりと生駒山《いこまやま》を登っていく姿は、なんともいえずノスタルジックでもあります。

山上に生駒山上遊園地（一九二九年開園）があるので、こうした犬や猫の顔のついた車両の登場となったのでしょうが、聖天さまとはもちろん、ミスマッチ。生駒新地ともいわれる、参道あたりの様子とも合っているとは思われません。

けれども、そうした古い観光地らしい、ちょっと気恥ずかしいような色づけも、なんとはなしに楽しめます。

わたしたちは「ミケ号」に乗って宝山寺駅まで行き、さらにそこで乗り換えて、ひとつ上にある梅屋敷《うめやしき》駅で下車しました。宝山寺（生駒聖天）に行くには、そのほうが階段を上らずにすむし、距離も近い、という情報を得ていたからです。

梅屋敷駅で降りたのは、わたしたちだけでした。コンクリートのごく簡易なつくりの小さな駅は、秘境感ただよう無人駅です。空気が澄んでいて、生駒の市街地から大阪方面までが一眺できる、すばらしい見晴らしなのですが、今はそれを楽しんでいる余裕はありません。急な傾斜の狭い階段をひたすら下りていかなければならないのです。

宝山寺生駒聖天は人気《ひとけ》もなく、思ったよりも地味で、しんとした山寺でした。しかし、ここはただの山寺ではありません。すぐにわたしは、とてつもないところへ来てしまった、と感じました。

山深い聖地に鎮座した聖天さまは、真に秘仏なのです。境内からは、観光を売るような気配はみじんも感じられません。

わたしは今回の場合、たまたま石切から地の利がよいということでやってくるチャンスを得たのでしたが、それがそもそもの心得違いだったのかもしれません。とても、ついで参りにくるようなところではなかったのです。

いつかまた、今度はこの聖地を第一の目的としてお参りに訪れてみよう、わたしはそう心に刻みました。

帰りは階段を下りながら、歩いて宝山寺駅にでました。参道は昔の遊里の名残をとどめる街並みなのですが、ほとんど人に会うことはありませんでした。

蛇足ながら、石切神社も宝山寺も新年の初詣での時やお祭りの時には、大層な人出だそうです。中央から離れた場所でありながら、全国から大勢の人々が聖地の磁力に吸い寄せられるように、群れ集まってくるのです。

神社や寺院は、どこもお祭りの時とふだんの時と、まったく違う顔をもっています。そして、そのどちらも社寺の本当の顔なのです。

妻沼聖天山歓喜院、大我井神社――埼玉県熊谷市

パワースポット散歩として待乳山聖天、生駒聖天とめぐったら、やはり熊谷《くまがや》の妻沼《めぬま》聖天を欠かすわけにはいきません。妻沼聖天をいれて、「三大聖天」がそろいました。

妻沼聖天（妻沼聖天山歓喜院）は、「埼玉日光」ともいわれて、本殿（聖天堂）は日光東照宮と同じ権現造りで、国宝に指定されています。江戸時代中期に再建された本殿は「平成の大修理」を経て、令和の現在、色鮮やかに創建当時の姿が甦っているのです。

えーっ、こんなところにこんな豪華絢爛な建物が、というインパクトは十分。聖天さまを

抜きにしても（!?）一見の価値はあります。

熊谷までは東京方面からですと湘南新宿ラインを使うと便利です。

わたしはその日、姉とともに池袋から乗車、途中乗り換えなしで、一時間少々で熊谷に着きました。ここから聖天さままでは、さらにバスで二十分余り。

当日は、二十三年ぶりの秘仏御本尊・聖天さまのご開扉期間とあって、バスは大変な混みようで、途中停留所では乗るも降りるもできないありさま。運転手さんは大わらわで、前のドアを開けたり、中のドアを臨時で開けたりしています。

やはり、この日は特別な日なのです。前回、平日に訪れた時とは大違いです。

けれども聖天さまに到着すると、そこは広いのです。あれほどパンク状態だったバスの乗客もちりぢりになって、ゆったりと歩いています。

とはいえ、境内でも秘仏拝観を待つ人たちが列をなす風景は、街中の話題の飲食店の前で並ぶ人たちの列と同じように見えます。もちろん、わたしたちも並びました。すると、拝観するのは三回目だ、というご近所さんらしい年配の男性の声が近くから聞こえてきました。

前回のご開扉が二十三年前、さらにその前のご開扉はさかのぼること二十年くらい……。秘仏の聖天さまを三回も拝めるとは、それだけでもラッキーなことですが、地元にはそういう人も多いのかもしれません。

驚いたことに、当山には聖天さまの御像が数十体もあるというのですが、今回ご開扉されるのは錫杖《しゃくじょう》（お地蔵さまなどが持っている法杖で、ジャラジャラと音のでる輪のついたもの）の頭部に聖天像が祀られている、国指定重要文化財です。

写真撮影は禁止です。ここまで足を運んで拝めた人だけが、心に止めておけばよいのです。


さて、それから国宝の本殿（聖天堂）拝観です。

正面はきりりと引き締まって屋根の曲線が美しく、むしろシックな印象です。彫刻による装飾も精巧で色鮮やかではありますが、華美という感じはなく、参拝者も自然体で接することができます。

ところが、わきから裏手にまわってびっくりです。これがまさしく「埼玉日光」なのでした。壁面をびっしりと埋めつくすように施された彫刻とその彩色は豪華絢爛、圧倒的な密度です。

見た瞬間は息を呑むばかりでしたが、やがて、それらの彫刻から季節の移り変わりや、いろいろな生き物も登場する物語が読みとれて、自然に目が細部へと誘導されていきます。

ここで絶対に見逃せないのが、猫の彫刻です。超有名な日光東照宮の「眠り猫」は臈長《ろうた》けた美猫ですが、こちらの猫は愛くるしい、いたずら盛りのまだ若い猫です。それが、ぼたんの花にとまった蝶にすっかり気をとられて、見入っているのです。猫好きには、たまりません。

そして、もうひとつ。布袋さま、恵比寿さま、大黒さまという福の神が、囲碁に興じる場面の彫刻があって、これが大層なものなのです。修復に当たって、碁盤上の碁石の彩色にはとりわけ苦慮をしたとのことです。なるほど、碁石の黒白もはっきりと見えますから、囲碁ファンにとっては特に興味深いのではないでしょうか。

本殿は、こうした豪華で贅を尽くした建造物ですが、それが時の権力者によるものではなく、庶民の浄財によってまかなわれたというのですから、驚きです。さすが、聖天さまのお力ですね。

本殿参拝の折には、運がよければ地元のボランティアガイドの人の説明が聞けるかもしれません。

さて、妻沼を訪れて聖天さまをお参りしたら、もう一箇所行ってみたい場所があります。聖天さまの東方、歩いてすぐのところに鎮座する大我井《おおがい》神社です。もともとは聖天さまの境内にあったそうですが、明治の神仏分離によって移転、新たに建てられたとのこと。

きらびやかな聖天山の本殿を見てきた目には、なんとも簡素にして、静けき佇まいです。境内は広やかで、すっきりと掃き清められていて、思わず深呼吸をしたくなります。人の気配はまったくありません。

境内にはこんもりと緑におおわれた富士塚があって、その上には浅間《せんげん》神社がお祀りされています。

毎年、八月末の夜分、こちらで「大我井火祭り」が盛大に行われるそうです。古代の火きり具で火をおこし、積み上げられた薪《たきぎ》に点火、五穀豊穣や家内安全を祈願するのです。夏の終わりのイベントは花火もあがって、賑やかに行われるようです。

ゆっくりと、泊まりがけのパワースポット散歩も楽しそうです。

熊野神社——東京都立川市

多摩モノレールは、東京都の多摩地域を縦断する路線です。一九九八年から二〇〇〇年にかけて開業、上北台駅と多摩センター駅とを全十九の駅で結んでいます。

モノレールならではの大きい車窓から見える景色は、広い空に緑の木々、遠景の山並みも心地よく、天気のよい日ならば、それだけでもしばしの気分転換ができそうです。

今回の下車駅は、高松駅です。ここから熊野神社に向かうのですが、ＪＲの立川駅からでも徒歩で十五分ほどの距離です。

この神社は正式名が熊野神社ですが、通称で立川熊野神社といわれることもあるようです。なるほど、全国に熊野神社は三千社以上もあるというのですから、地名をつけなければ混乱する場合もあるのでしょう。

熊野神社といえば、和歌山県の熊野三山、さらに熊野古道などがすぐに思いおこされます。三山とは熊野本宮大社、熊野速玉大社、熊野那智大社の三社で、これが全国の熊野神社の総本社です。

立川の熊野神社も、和歌山県の熊野本宮大社よりご分霊の勧請を受けています。当神社は住宅街に鎮座するゆかしい神社ですが、実は先の戦争に巻き込まれ、翻弄された歴史を背負っています。もともとは、江戸時代中期に地域の鎮守として創建された伝統ある神社でしたが、昭和二十年、空襲により焼失。終戦後は、境内地が駐留軍に接収され、その一帯が米軍立川基地となったのでした。

立川もふくめて、東京の多摩北部は軍事施設が多く、軍都ともいわれた地域だったのです。神社はその後、新たな地に再建され、今、それは落ち着いた佇まいで、由緒深い地域の鎮守として存在感を示しています。

境内には、先代の宮司さんが手ずから作られたという小さな川が流れています。きっと、それは山深い紀州の熊野川なのでしょう。この神社を訪れる人は、静かな境内を歩く時、いつしか思いは熊野の地に遊んでいるかもしれません。

なお、当神社には少し離れたところ（北西に三百メートルほど行った広い駐車場の一角）に摂社《せっしゃ》があります。そこが、江戸・享保《きょうほう》の時代から空襲の日まで鎮守さまの在《ま》しました場所です。石づくりのこぢんまりとしたお社ですが、それは、紀州の熊野大社がそうであるように「甦《よみがえ》りのパワースポット」といえるのではないでしょうか。歴史の荒波をくぐりぬけて、まさに甦った神社なのですから。

時には、そうした地域の歴史にも思いを馳せながら歩いてみたいものです。

高幡不動尊――東京都日野市

多摩モノレールの散歩を、もう少しつづけます。高松駅から多摩センター方面に向かって六駅目、高幡《たかはた》不動駅で下車します。

参道をぬけ仁王門に至れば、もうお線香の香りがしてきます。大きな香炉のまわりでは、香煙を引きよせては、体になでつけている人がいます。ここ高幡不動尊は、開かれた大寺院なのです。

正式名称は高幡山明王院金剛寺《さんみょうおういんこんごうじ》、創建は平安時代初期と伝えられています。重要文化財の不動像をはじめ、鳴り龍天井、さらには新撰組の土方歳三の位牌などなど、見どころは満載です。

また、境内には「四国八十八ヶ霊場めぐり」のコースなど、まさにパワースポット散歩に打ってつけの場所もあります。紫陽花《あじさい》の季節は、特によさそうです。


わたしは姉とともに、十月のある日、当寺院を訪れました。その日は五重塔地下ホールで、特別の催しがあったのです。「藤蔵《とうぞう》・勝五郎《かつごろう》生まれ変わり記念日講演会」という、不思議な名称の会なのですが、実はこれは、生まれ変わりに関する実際の話が発端になっているのです。

江戸時代後期、現在の東京都八王子市で生まれた勝五郎という少年が、近くの村(現在の東京都日野市)で、六歳で亡くなった子供(藤蔵)の生まれ変わりだということで、騒動になったことがありました。

当時、この騒ぎは江戸まで鳴りひびき、やがて国学者の平田篤胤《ひらたあつたね》の耳にも届きました。篤胤は、勝五郎親子からの聞き書きによる『勝五郎再生記聞』を著し、明治にはいってからは小泉八雲(ラフカディオ・ハーン)が、この件について、自著を通して英米に紹介しました。

こうした転生譚は、実は各地にあるのかもしれませんが、これほどに本人(勝五郎)の言葉と事実とが合致して証明された例は少ないようで、やはり貴重な事例なのでしょう。

この一件の舞台ともなった地元、日野市では、日野市郷土資料館の委託調査事業として、平成十八年に「勝五郎生まれ変わり物語探求調査団」を立ち上げ、地道な活動をつづけています。

なお、今回わたしが出席した講演会は、毎年十月に行われています。十月十日が勝五郎の誕生日であり、前世の藤蔵が勝五郎に生まれ変わった日ということで、記念日講演会と銘打たれているようです。講師は、毎回違う先生が登場します。

講演の後には、高幡不動尊内にある藤蔵の墓所をお参りすることもできて、これは「パワースポット散歩」ということではありませんが、昔の転生譚がごく身近なものに感じられる散策となります。さらに、一足のばしてモノレールの隣駅、程久保《ほどくぼ》に行けば、藤蔵にゆかりのある馬頭観音《ばとうかんのん》の石像を見ることもできます。

伏見稲荷大社——京都府京都市　**東伏見稲荷神社**——東京都西東京市

わたしがはじめて気学の入門書を読んで、もっと学んでみたいと思いたったのは、はるか昔のことでした。若かったわたしは、この不思議な占いを学ぶに当たって、なんとある神さまにお願いすることを思いついたのです。

そこでわたしは、夜のハイウェイバスに乗って東京から京都へ向かいました。翌早朝、たどり着いた先は、伏見稲荷大社《ふしみいなりたいしゃ》でした。気学の学びが首尾よく成就するよう、わたしはこのお稲荷さまにご祈願をしたのです。

実は、わたしの地元には伏見稲荷大社の分社があって、そこは子供のころからなじみのある場所でした。大きな朱の鳥居と朱の社殿、そしてその裏手にはたくさんの鳥居がつらなり、石のおきつねさまがひしめく不思議な空間があるのでした。お塚といわれるその神域には小さなお社がいくつも祀られ、それぞれ白狐社、末広社などという名が記されています。子供の目には、そこはまさに異空間、少々こわいような気もしました。

けれども、いつしかわたしは、初詣でや初午祭《はつうまさい》といえばそこへ出かけるようになり、その折にはお塚参りもするようになりました。

そこ――、東伏見稲荷神社は、当時のわたしの住まいから、歩いてもそう遠くないところにあったのです。

ある時、ふと思いたって、ふだんの日にお稲荷さまを訪ねたことがありました。午後、もう日が傾きはじめたころでした。それでも境内には何人かの人がいましたが、初詣でのにぎわいを思えばウソのような静けさです。

東伏見稲荷神社。社殿裏のお塚の鳥居

裏のお塚に回ってみました。お塚は表からはまったく見えず、初詣でやお祭りで境内がにぎわっている時でも静かなものです。

ましてや、この日は平日の午後。参詣人など、誰もいません。細くうねった小道には少々不規則に並んだ朱の鳥居がトンネルのようにつづき、たくさんの赤いのぼり旗が風にはためいて、訪れた人を小道の奥へと誘っているようです。鳥居ものぼり旗も、皆、信者の人たちが奉納したものです。

いろいろな顔つきをした、石のおきつねさまがじっとこちらを向いて、それぞれのお塚を守っています。

と、不意に人の気配がしました。遠慮のない大きな足音が近づいてきたと思ったら、何やら呪文めいた言葉も聞こえてきました。見れば年配の男性でしたが、ふつうの服装ではありません。白い、簡単な着物のようなものを着ています。神主さんではありません。よくはわからないのですが、山伏《やまぶし》のような感じです。滝行でもしたら、似合いそうな雰囲気です。

その男性は、ひとつひとつのお塚を回っては、何事か呪文を唱え、珍しい手指のしぐさをしています。男性は、神霊の前で呪文を唱え、印《いん》を結んでいたのです。

その後、お塚では何度か、これは稲荷行者なのだろう、と思われる人を見かけました。女性もいました。

わたしは、いつでも軽い気持ちでお稲荷さまに来ていたのですが……、ここはやはり、特別な場所だったのです。

それならば……と、わたしは思いました。いつか、ここの神の親元を訪ねてみよう、そう心に決めたのです。

チャンスがやってきたのは、何年か後でした。気学の勉強を始めるに当たって、ここの神さまの親元に行って、お願いしてみようと思いたったのです。

京都――。

早朝の伏見稲荷大社は朱の大社殿が朝日に輝き、まさに圧倒されるばかりの迫力でした。なにしろ、全国に三万社もあるという稲荷神社の総本社なのです。奈良時代にご鎮座以来、一三〇〇年にもわたたって神域としての機能を果たしつづけてきたのですから、歴史も深いのです。

社殿の背後には、稲荷山《いなりやま》が広がっています。そこに、たくさんのお塚があるのでしょう。わたしは拝殿でお参りをすませると、さっそく「お山」をめぐってみることにしました。

まず、社殿裏手から千本鳥居といわれる参道に向かいます。ここは、よく雑誌などでも紹介されている観光スポットで、びっしりと並んだ朱の鳥居が誰の目にも強いインパクトを与えます。ここを歩いていると、何もかもが朱に染めあげられてしまいそうです。神社で用いる朱は、本来は水銀を含んだ朱で、それが魔を祓《はら》う力をもつもののようです。

千本鳥居をぬけたら奥の院を通って、いよいよ登拝行の始まりです。

三ツ辻から四ツ辻へ、そのあたりからさらに歴史的な聖域へと入っていきます。そこから時計回りに、御膳谷《ごぜんだに》といわれる神々の密集地帯を経て山頂の一ノ峯までのぼり、再び四ツ辻に戻って下ってきます。

「お山」は、高さ約二三〇メートル、一周約四キロ。二時間ほどの登拝行でした。

それにしても、そこは驚くべき数のお塚とおきつねさまがひしめく、清濁あわせ呑む濃密な、神々の住む祈りの地でした。

そしてわたしは、ああ、そうだったのか、と納得しました。あの、わたしの地元にある東伏見稲荷神社の、かわいらしいミニお塚は、親元、京のお稲荷さまのお山を模したものだったのです。そこは、京の大社の遙拝所《ようはいじょ》（遠くから拝する場所）ともいえるところなのでしょう。京の大社を敬愛する東の人たちの思いが、「東伏見稲荷神社」という名にもあらわれているようです。

西東京市の東伏見稲荷神社は、昭和四年、京都の伏見稲荷大社よりご分霊を勧請《かんじょう》して創建されました。その時に、地名も駅名も「東伏見」と変更されています。

京都の大社を参拝した後も、わたしは新年、初午、そして仕事のふし目などには、東伏見のお稲荷さまに参ることをつづけています。

このごろは、新年や初午の折には、裏のお塚にも多くの人たちがお参りをしています。若い人の姿も多く、グループやカップルで楽しげに参拝して回っています。

では、現代は昔より信心深い時代になったのかといえば、それともちょっと違うようです。お稲荷さまの朱い鳥居はインスタ映えする、ということで人気が高いようです。時代の流れが、聖地にも、いろいろな景色を映しだしています。

昭和の初めから変わらぬ石のおきつねさまは、何を思っているのでしょうか。

さて、皆さまとめぐってきた「パワースポット散歩」も、ここがゴールです。

お稲荷さまに掛けたわたしの願《がん》は成就したのでしょうか、するのでしょうか。わかりません。近々、久しぶりに京の稲荷山にも訪れてみたいと思っています。

開運散歩／全国神社一覧・ひと口メモ

☆北海道☆

北海道神宮（ほっかいどうじんぐう）　北海道の総鎮守として、札幌円山公園の一角に鎮座。

龍宮神社（りゅうぐうじんじゃ）　小樽市に鎮座。仕事運、立身出世のご利益。令和元年に彫られた一木造《いちぼくづく》りの龍神像も拝観できる。

☆青森県☆

岩木山神社（いわきやまじんじゃ）　岩木山をご神体とする農漁業の守護神。上向き、下向きの珍しい一対の狛犬は、それぞれ金運と恋愛運アップのご利益が。

十和田神社（とわだじんじゃ）　神社から十和田湖に抜ける道は「開運の小道」。野生動物の出没と足場には注意が必要。

☆秋田県☆

真山神社（しんざんじんじゃ）　山岳信仰の霊場、男鹿北部に鎮座。なまはげゆかりの祭りがある。近くには「なまはげ館」「伝承館」など見所も多い。

☆岩手県☆

唐松神社（からまつじんじゃ）　安産、子宝のご利益があり、女性の生涯を守るという。

丹内山神社（たんないさんじんじゃ）「アラハバキ大神の巨石」がご神体。七不思議伝説も。

遠野郷八幡宮（とおのごうはちまんぐう）「遠野物語」にゆかり。二の鳥居近くに猫の「オトラサマ」を祀る「猫神社」も。

☆山形県☆

出羽三山神社（でわさんざんじんじゃ）月山、羽黒山、湯殿山の各山頂にある。修験道の聖地。羽黒山には三社の神を合祀《ごうし》する三神合祭殿《さんじんごうさいでん》がある。

熊野神社（くまのじんじゃ）通称、熊野大社。本殿裏の隠し彫りされた三羽の兎を見つけたら願成就。ただし結果は口外してはならない。

☆宮城県☆

塩竈神社（しおがまじんじゃ）古来、武家豪族の尊崇《そんすう》を受け、境内には志波彦《しわひこ》神社も。海上安全を守護。天然記念物のしおがま桜も有名。

釣石神社（つりいしじんじゃ）祭神は知恵の神さま。ご神体の巨石は落ちそうで落ちないところから、受験生の参拝も多い。

猫神社（ねこじんじゃ）田代島に鎮座。猫は大漁を招くといわれ、大漁と猫の息災を守る。

☆福島県☆

新宮熊野神社（しんぐうくまのじんじゃ）熊野神社長床《ながとこ》といわれる拝殿は、国の重要文化財。境内のいちょうの大木が色づくころには、ライトアップされる。

福島稲荷神社(ふくしまいなりじんじゃ)　伝・安倍晴明創建。「競馬勝守り」は競馬ファンに人気。福島競馬開催前には、馬場浄めの神事を行う。

☆栃木県☆

日光東照宮(にっこうとうしょうぐう)　方位を重んじた家康の霊廟。江戸城から見て北方位に鎮座。大正ロマンを感じさせるJR日光駅も楽しめる。

鷲子山上神社(とりのこさんしょうじんじゃ)　栃木、茨城両県の境に鎮座。ふくろう(不苦労)神社とよばれ、ふくろうの像やお守りも。

☆茨城県☆

笠間稲荷神社(かさまいなりじんじゃ)　本殿は国の重要文化財。国の天然記念物の藤も有名。胡桃下稲荷《くるみがしたいなり》ともいわれ、門前にはくるみ入りの稲荷ずしの店も。

鹿島神宮(かしまじんぐう)　勝ち運アップのご利益から、スポーツ選手の参拝も多い。「鹿島七不思議」のひとつ要石《かなめいし》も見所。

☆千葉県☆

香取神宮(かとりじんぐう)　地震を押さえるという要石は、鹿島神宮の要石と対、といわれる。鹿島神宮とともに、宮中の四方拝《しほうはい》で遙拝《ようはい》されるお社。

玉前神社（たまさきじんじゃ）　出雲大社、富士山などを結ぶライン上にある聖地。祭神の玉依姫命《たまよりひめのみこと》は海からやってきた女性の守り神。縁結び、子宝のご利益。

☆群馬県☆

榛名神社（はるなじんじゃ）　榛名山の中腹に鎮座。見あげる奇岩、巨石は、山岳信仰をしのばせる。

熊野神社（くまのじんじゃ）　碓氷峠《うすいとうげ》に鎮座し、社殿は群馬県と長野県とにまたがる。

☆埼玉県☆

三峯神社（みつみねじんじゃ）　秩父神社、宝登山《ほどさん》神社とともに秩父三社の一社。おおかみ（山犬）信仰の神社。白い「氣守《きまもり》」は入手困難なレア物。

氷川神社（ひかわじんじゃ）　大宮に鎮座。荒川流域に数ある氷川神社の総本社。

☆東京都☆

明治神宮（めいじじんぐう）　木々の間に野鳥の生息する都会のオアシス。秋には人形供養も開催。苑内には菖蒲園、パワースポット「清正井《きよまさのいど》」など、見所が多い。

日枝神社（ひえじんじゃ）　政治の中心地永田町に鎮座。立身出世のご利益。箸供養も開催。

大國魂神社（おおくにたまじんじゃ）　武蔵国の総社。本殿は珍しい様式の文化財。すもも祭り、暗闇祭りも有名。

湯島天満宮（ゆしまてんまんぐう）　湯島天神とよばれ、受験シーズンには多くの絵馬が奉納される。境内の梅の花に、思わず「湯島の白梅」の歌を思い出す。

東伏見稲荷神社（ひがしふしみいなりじんじゃ）　親元京都の大社にも負けない大鳥居は迫力満点。

花園神社（はなぞのじんじゃ）　新宿の総鎮守。境内には芸能浅間神社もあり、芸能人の信者も多い。唐十郎率いる「状況劇場」の公演が行われたことも。

☆神奈川県☆

鶴岡八幡宮（つるがおかはちまんぐう）　鎌倉といえば、この神社。大いちょうのひこばえも生育。凶運を強運に変えるという「凶みくじ納め箱」があるのは、ありがたい。

寒川神社（さむかわじんじゃ）　方位除けで有名。境内には昔の天体観測具のレプリカや方位盤もあり、気学とも縁が深い。寒川町限定の「八福餅」はお土産によさそう。

江島神社（えのしまじんじゃ）　日本三大弁財天のひとつ。ご利益は芸能、縁結び、悪縁切りなど。最奥にある岩屋の洞窟は、かつての修験道の霊地。

☆山梨県☆

金櫻神社（かなざくらじんじゃ）　昇仙峡に鎮座。ご神宝は水晶で、御朱印も水晶印で押される。「金の成る木の金桜」といわれる、ご神木のうこん桜も必見。

北口本宮富士浅間神社（きたぐちほんぐうふじせんげんじんじゃ）　富士山の富士吉田登山口に鎮座。桜の木が多く、女神のパワーが強い。ドラマティックな恋愛成就とか。

☆長野県☆

諏訪大社（すわたいしゃ）　諏訪湖周辺に四箇所ある神社。六年に一度の御柱《おんばしら》祭りが有名。

戸隠神社（とがくしじんじゃ）　霊山・戸隠山周辺に五社を配する。戸隠古道をゆく五社めぐりも人気。おみくじは神職を介して授与される、古式ゆかしいもの。

熊野皇大神社（くまのこうたいじんじゃ）　長野、群馬両県にまたがる。ご神木のしなの木で延命を。県内最古の狛犬も必見。見晴らし台は軽井沢の絶景日没ポイント。

☆新潟県☆

彌彦神社（やひこじんじゃ）　万葉の昔からの古社《こしゃ》。縁結び祈願には、弥彦山頂の「御神廟《ごしんびょう》」へ。ロープウェイがあるが、冬期は入山不可。

居多神社（こたじんじゃ）　越後に流罪となった浄土真宗の開祖・親鸞ゆかりの神社。「片葉の葦」の伝承も興味深い。

☆富山県☆

氣多神社（けたじんじゃ）　高岡市に鎮座。本殿は室町時代の建築手法を残した、国の重要文化財。近くには日帰り温泉も。

雄山神社（おやまじんじゃ）　霊峰・立山をご神体とする、山岳信仰の古社。立山町の三社からなる。峰本社《みねほんしゃ》は北アルプス立山の主峰雄山《おやま》に鎮座。アクセスは登山のみ。

☆石川県☆

氣多大社（けたたいしゃ）　羽咋《はくい》市北方、日本海に面して鎮座。境内裏には天然記念物の原生林「入らずの森」がある。

白山比咩神社（しらやまひめじんじゃ）　白山神社の総本社。毎月一日の特別参拝はご利益も多い。「みそぎ体験」もできる。

☆福井県☆

氣比神宮（けひじんぐう）　海上安全、延命長寿のご利益がある。「氣比の延命水」や「日本三大木造鳥居」に数えられる大鳥居も立派。

金崎宮（かねがさきぐう）　難関突破と恋の宮。ロマンティックな花換え祭りも有名。桜の名所。海岸沿いの「花換《はなかえ》の小道」からは敦賀の山々が見渡せる。

☆岐阜県☆

伊奈波神社（いなばじんじゃ）　挫折から救われるという神社。境内社・黒龍神社で願掛けを。後ろ足をけりあげた「逆さ狛犬」も見落とさないで。

千代保稲荷神社（ちよほいなりじんじゃ）　通称、おちょぼさん。毎月末の月越し参りは参道も盛況。商売繁盛のお願いには名刺をもって。

☆静岡県☆

富士山本宮浅間大社（ふじさんほんぐうせんげんたいしゃ）全国の浅間神社の総本社。山頂に奥宮。主祭神の木花咲耶姫命《このはなさくやひめのみこと》は「サクラ」を意味する女神さま。

三嶋大社（みしまたいしゃ）水の都に鎮座する伊豆国総社。本殿は出雲大社とならび、国内最大級。ご神木の金もくせいは樹齢一二〇〇年の天然記念物。

伊豆山神社（いずさんじんじゃ）参道は走り湯神社を経て、長い直線の階段。本殿奥の聖地（本宮社）までは山道。タクシー利用も可。

☆愛知県☆

熱田神宮（あつたじんぐう）宮中の四方拝で遙拝される一社。三種の神器のひとつ草薙剣《くさなぎのつるぎ》を祀る。都心にあり、早朝、仕事前と見える参詣人の姿も。

若宮八幡社（わかみやはちまんしゃ）名古屋市の総鎮守。末社の連理稲荷は夫婦円満を守護。神御衣《みころも》神社には針供養の伝統がある。

☆三重県☆

伊勢神宮（いせじんぐう）正式名称は神宮。外宮、内宮の二正宮の他、多くの摂社、末社があり、総計一二五社から成る神社。

二見興玉神社（ふたみおきたまじんじゃ）　お伊勢参りの前にはここで禊《みそぎ》を。夫婦岩、蛙像も有名。「満願蛙」に水をかけると願成就。

花窟神社（はなのいわやじんじゃ）　巨岩をご神体とする自然信仰の神社。世界遺産の一部。

☆奈良県☆

春日大社（かすがたいしゃ）　春日山原始林を背景に奈良公園内に鎮座。全国の春日神社の総本社。藤原氏の氏神を祀り、神使の「奈良の鹿」は天然記念物。

橿原神宮（かしはらじんぐう）　大和三山のひとつ畝傍《うねび》山を背に鎮座。年明けの書き初め大会は、小学生から一般人まで二千人近くが参加。

大神神社（おおみわじんじゃ）日本最古の神社のひとつで、ご神体は三輪山。登拝も可能。

☆滋賀県☆

多賀大社（たがたいしゃ）　通称、お多賀さん。延命長寿のご利益があり、しゃもじのお守りは有名。神仏習合の名残の釣り鐘は県指定文化財。

阿賀神社（あがじんじゃ）　赤神山《あかがみやま》（太郎坊山）の中腹に本殿があり、天狗が守っているという。通称、太郎坊宮。巨石信仰の霊場。勝ち運祈願のスポーツ選手の参拝も多い。

☆京都府☆

伏見稲荷大社（ふしみいなりたいしゃ）　七一一年に鎮座。祭神は五柱の神々で、きつねはその眷属（神使）。裏手に広がる稲荷山はお塚信仰のメッカ。行場の滝もある。

松尾大社（まつのおたいしゃ）京都最古の神社のひとつ。巨岩信仰が起源。酒造の神としても有名。霊泉「亀の井」の水をいただくこともでき、見所が多い。

☆大阪府☆

住吉大社（すみよしたいしゃ）全国の住吉神社の総本社。航海、和歌、農耕の神。神使は兎。「撫でうさぎ」の像や手水舎《てみずや》の兎も愛らしい。

枚岡神社（ひらおかじんじゃ）生駒山麓に鎮座する古社。笑いにより春を誘うお笑い神事（しめかけ神事）、粥占神事《かゆうらしんじ》など民俗文化財の神事がある。

瓢箪山稲荷神社（ひょうたんやまいなりじんじゃ）秀吉にゆかりあり、背後は古墳（通称ひょうたん山古墳、六世紀末ごろに造られた双円墳）。辻占いの元祖。

石切剣箭神社（いしきりつるぎやじんじゃ）生駒山麓に鎮座。宝山寺生駒聖天とともに映画「男はつらいよ」の舞台にも。

☆兵庫県☆

生田神社（いくたじんじゃ）神戸観光の中心エリアにあり。良縁の聖地。「縁結びの水占い」も人気。空襲、震災、水害をも乗り越えた「甦《よみがえ》りの神社」。

長田神社（ながたじんじゃ）神の使いの七体の鬼が登場する古式の節分祭（重要無形文化

財）が有名。摂社の楠宮稲荷社《くすみやいなりしゃ》は「痔の神さま」といわれる。

☆和歌山県☆

熊野三山（くまのさんざん）熊野本宮大社、熊野速玉大社、熊野那智大社の三社。全国の熊野神社の総本社で、三社は熊野古道中辺路で結ばれている。

神倉神社（かみくらじんじゃ）熊野速玉大社の摂社。ゴトビキ岩といわれる巨岩がご神体。

淡嶋神社（あわしまじんじゃ）全国の淡島神社の総本社。人形供養、針供養で全国的に知られる。社殿には納められた人形がぎっしりと。

☆鳥取県☆

白兎神社（はくとじんじゃ）神話「因幡の白兎」の白兎神を祀る。皮膚病、縁結び、予言能力を加護。境内には兎が体を洗ったという「御身洗池《みたらしいけ》」がある。

宇部神社（うべじんじゃ）主祭神の武内宿禰命《たけのうちのすくねのみこと》は三六〇余歳の長命を保ったという。長寿と財宝を守護。神社で初めて拝殿が日本の紙幣の図案とされた。

☆島根県☆

出雲大社（いずもたいしゃ）縁結びの神・大国主大神を祀り、神話に基づく神在祭《かみありさい》は興味深い。神楽殿の重さ五・二トンの大しめ縄と木製の狛犬も見もの。

神魂神社（かもすじんじゃ）参拝すれば古代出雲にタイムスリップ。本殿は現存する最古の大社造り建造物。国宝。
美保神社（みほじんじゃ）「えびすさま」の総本宮。出雲大社との両参りでご利益倍増。漁業、海運、鳴り物（楽器）を守護。
日御碕神社（ひのみさきじんじゃ）日本の夜を守るという古社。朱の社殿が日没に映える。

☆岡山県☆
吉備津神社（きびつじんじゃ）桃太郎伝説の神社。古代より行われていたという鳴釜神事《なるかましんじ》は吉凶占いで、申し込めば受けられる。
阿智神社（あちじんじゃ）倉敷美観地区に鎮座。古式庭園があり、天然記念物の藤も有名。

☆広島県☆
厳島神社（いつくしまじんじゃ）創建は五九三年。「安芸の宮島」とよばれ、松島、天の橋立と並び日本三景のひとつ。海上の社殿は絶景。
速谷神社（はやたにじんじゃ）安芸国の総鎮守。一七〇〇年余の歴史をもつ古社で「車を買ったら速谷さん」という、交通安全の神。

☆山口県☆
福徳稲荷神社（ふくとくいなりじんじゃ）響灘《ひびきなだ》を望む絶景神社。古い伝承をもつ稲荷社が起源。朱に輝く「千本鳥居（開運鳥居）」で運気アップ。

赤間神宮（あかまじんぐう）　神仏分離以前は阿弥陀寺《あみだじ》と称され、怪談「耳なし芳一」の伝承地。壇ノ浦の戦いで果てた安徳天皇を祀る。

☆徳島県☆

大麻比古神社（おおあさひこじんじゃ）　県内一の大社。方位除け祈願も有名。

西照神社（にしてるじんじゃ）　「月神《つきがみ》の宮」と称される。もと神仏混淆の山岳霊場。狼を撃退して母子を救ったという伝承をもつ狛犬も鎮座。

☆高知県☆

土佐神社（とさじんじゃ）　県を代表する古社。「つぶて石」とよばれる磐座《いわくら》など、古代祭祀の名残を伝える。社殿背後には「しなねの森」という散策コースも。

海津見神社（わたつみじんじゃ）　通称、龍王宮。桂浜南端の龍王岬に鎮座する小さなお社。海上安全、恋愛成就のご利益。

☆香川県☆

金刀比羅宮（ことひらぐう）　通称、こんぴらさん。全国の琴平神社の総本社。海運を守護。

☆愛媛県☆

大山祇神社（おおやまづみじんじゃ）　県内最古の神社。全国の同名神社の総本社。海、山、武の神。国宝の甲冑など、武具を数多く収蔵展示している。

☆福岡県☆

宗像大社（むなかたたいしゃ）　神話に語られる神秘の社。裏伊勢とも称され、海上安全、豊漁の神。沖ノ島を神域とし、島で出土した国宝の古代祭祀《さいし》の品々を収蔵展示。

太宰府天満宮（だざいふてんまんぐう）　全国の天満宮の総本社。祭神は学問の神さま・菅原道真。御神酒はお社のシンボルの梅にちなんで、梅酒。

☆佐賀県☆

祐徳稲荷神社（ゆうとくいなりじんじゃ）　伏見、笠間とともに日本三大稲荷。豪華な社殿は鎮西《ちんぜい》日光とも称される。高台にそびえる本殿まではエレベーターが設置。

☆長崎県☆

和多都美神社（わたづみじんじゃ）　対馬市に鎮座。海上鳥居が神秘的な、龍宮伝説の残る古社。歴史を感じさせるパワースポットの穴場。

☆熊本県☆

阿蘇神社（あそじんじゃ）　阿蘇の火山信仰と融合した、二〇〇〇年以上の歴史ある古社。神秘的な伝承も多い。

幣立神宮（へいたてじんぐう）「日の宮」ともいわれ、秘められた伝承の多いパワースポット。

☆大分県☆

宇佐神宮（うさじんぐう）　全国の八幡宮の総本社。広大な境内には八幡造《はちまんづく》りの本殿など、国宝、重要文化財の建造物も多い。

☆宮崎県☆

鵜戸神宮（うどじんぐう）　日向灘を望む岬に鎮座。神話に登場する潮満《しおみ》つ、潮涸《しおふ》るの宝玉が伝わる。本殿は洞窟内にある。

高千穂神社（たかちほじんじゃ）　約一九〇〇年の歴史をもつ古社。無形民俗文化財「高千穂の夜神楽」は、毎晩鑑賞ができる。名勝、高千穂峡にも近い。

☆鹿児島県☆

霧島神宮（きりしまじんぐう）　天孫降臨《てんそんこうりん》神話の伝わる古社。豪華な社殿は鹿児島の神社建築の代表。「霧島七不思議」の「御手洗川《みたらしがわ》」も興味深い。

☆沖縄県☆

波上宮（なみのうえぐう）　海を望む高台に鎮座する沖縄の総鎮守。熊野信仰系列だが拝殿は沖縄風。本殿を守るのは狛犬ではなく、シーサー。

付録——

九星吉方表
九星循環表（暦）

本命星・一白水星の吉方表

表の見方

●表中の薄アミがかかった宮が吉方位です。ただし「定位対冲」の方位（点アミの方位）は、吉凶ともに激しい作用があります。（本文二章「方位学が明かす大凶殺方位」参照）

●たとえこの表で吉方位になっていても、「破」がつけば凶方位となって使えません。「破」とは、その年（月・日・時）の十二支の正反対の方位です。

たとえば、子《ね》の年（月・日・時）の歳破（月破・日破・時破）は、子北30°の正反対の午《うま》南30°となります。

96ページの「破の方位表」で調べてください。

九紫中宮の年（月・日・時）盤

吉方＝南西 60°　北東 60°
東 30°（定位対冲）

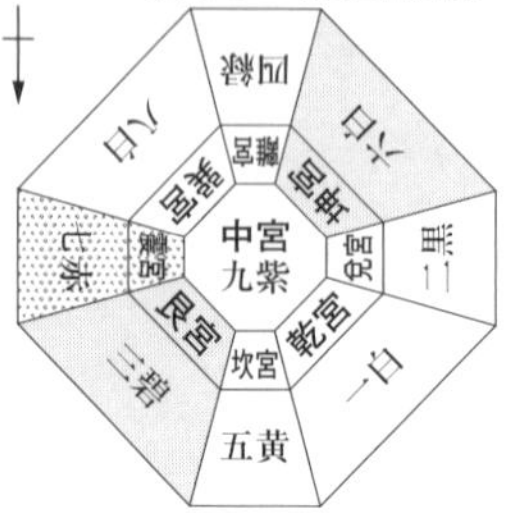

八白中宮の年（月・日・時）盤

吉方＝南 30°　北 30°
南東 60°

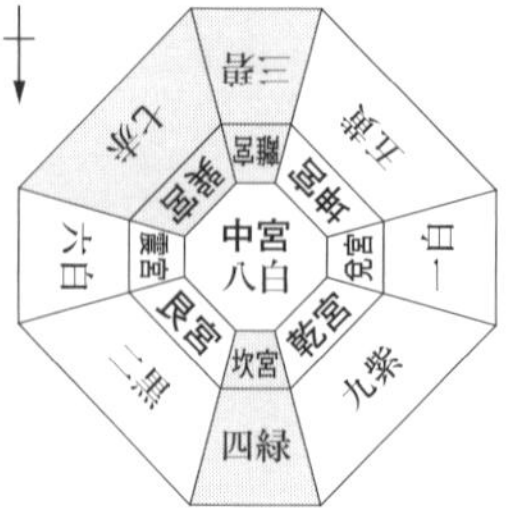

七赤中宮の年（月・日・時）盤

吉方＝北 30°
南東 60°（定位対冲）

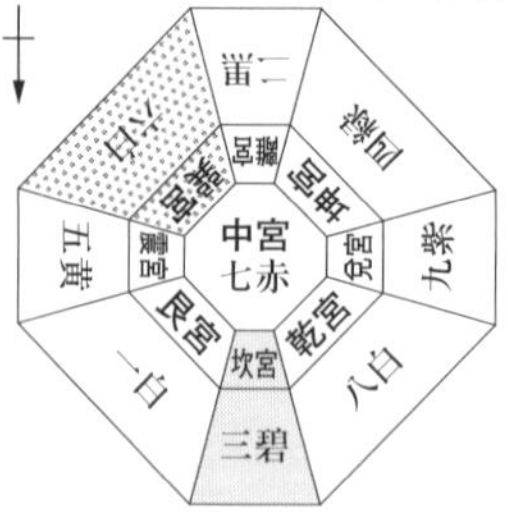

定位盤（九星盤）

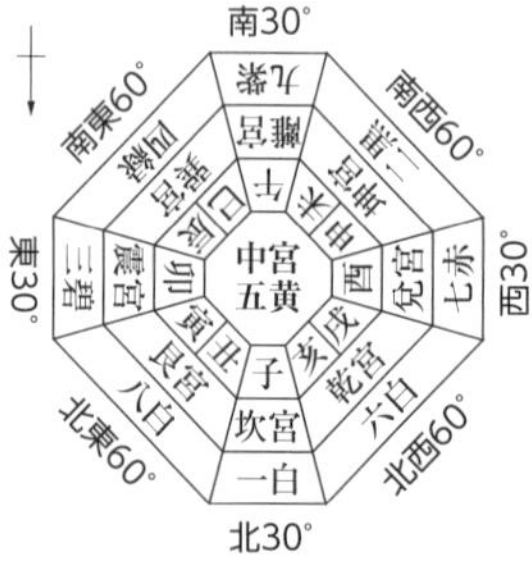

三碧中宮の年(月・日・時)盤

吉方＝南 30°　北東 60°
北西 60°（定位対冲）

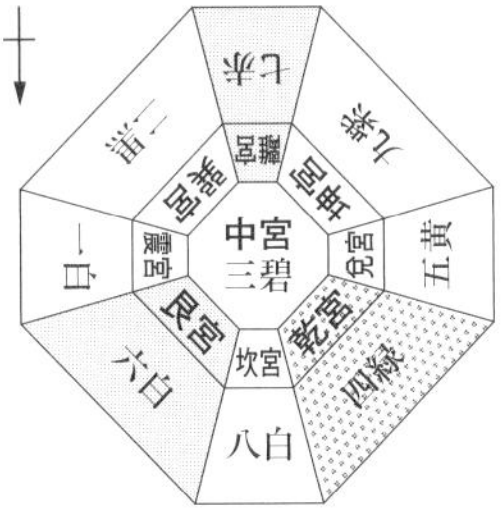

六白中宮の年(月・日・時)盤

吉方＝南西 60°　東 30°

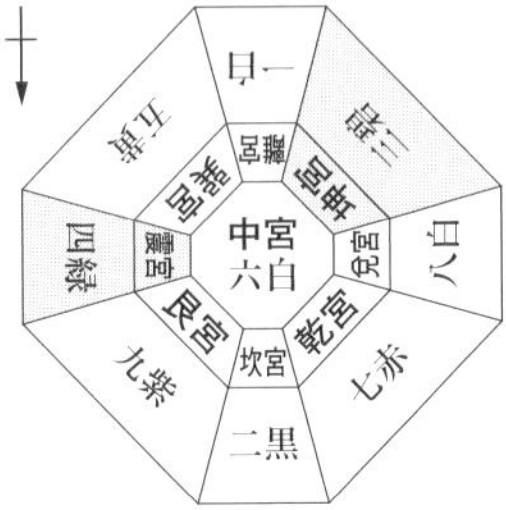

二黒中宮の年(月・日・時)盤

吉方＝南 30°　西 30°
北 30°

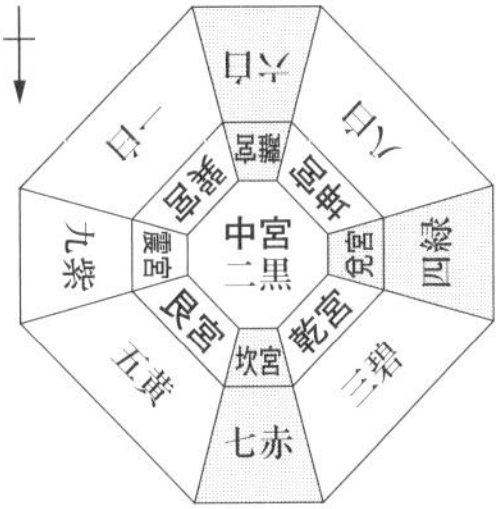

五黄中宮の年(月・日・時)盤

吉方＝西 30°　北西 60°
東 30°　南東 60°

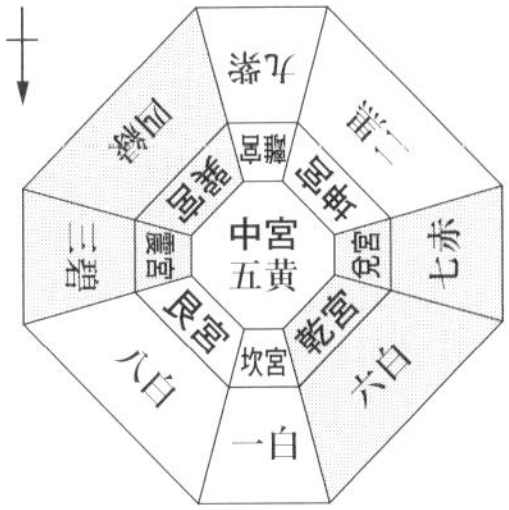

一白中宮の年(月・日・時)盤

吉方＝南西 60°　北東 60°
西 30°（定位対冲）

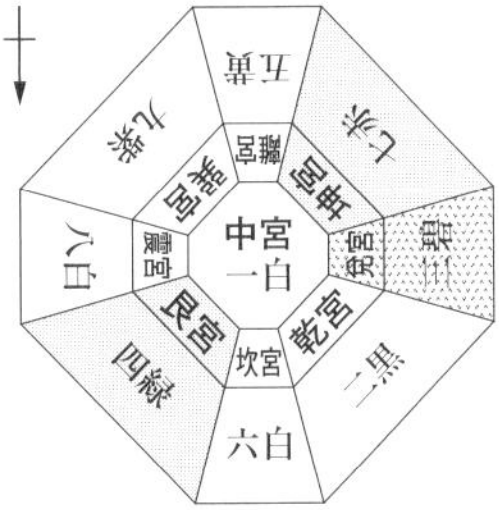

四緑中宮の年(月・日・時)盤

吉方＝西 30°

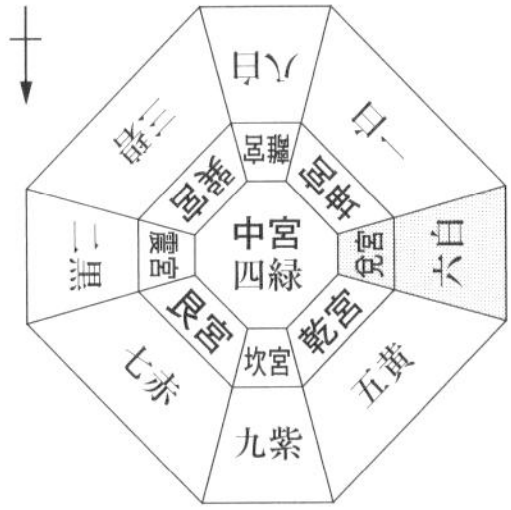

本命星・二黒土星の吉方表

表の見方

●表中の薄アミがかかった宮が吉方位です。ただし「定位対冲」の方位（点アミの方位）は、吉凶ともに激しい作用があります。（本文二章「方位学が明かす大凶殺方位」参照）

●たとえこの表で吉方位になっていても、「破」がつけば凶方位となって使えません。「破」とは、その年（月・日・時）の十二支の正反対の方位です。

たとえば、子《ね》の年（月・日・時）の歳破（月破・日破・時破）は、子北30°の正反対の午《うま》南30°となります。

96ページの「破の方位表」で調べてください。

九紫中宮の年(月・日・時)盤

吉方＝南西 60°　南東 60°

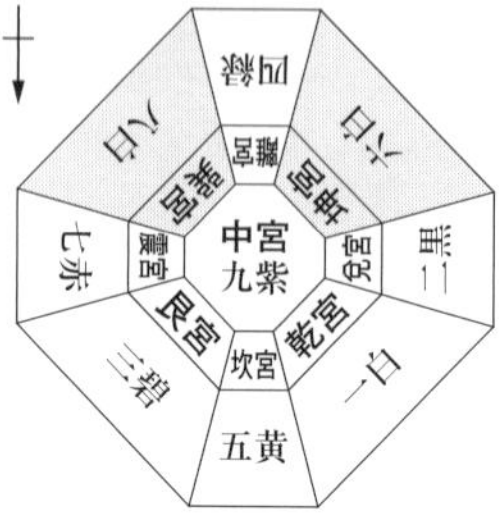

八白中宮の年(月・日・時)盤

吉方＝北西 60°　東 30°

南東 60°

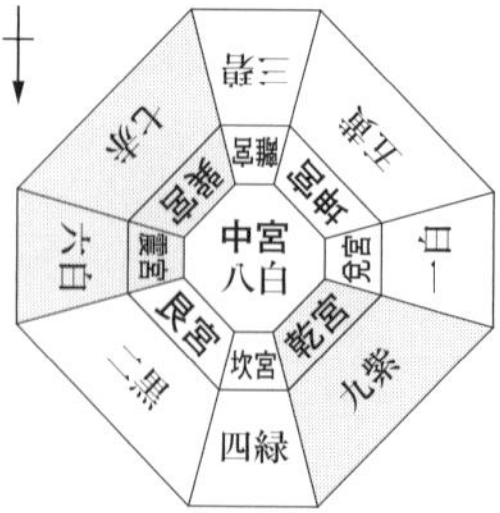

七赤中宮の年(月・日・時)盤

吉方＝北西 60°

南東 60°（定位対冲）

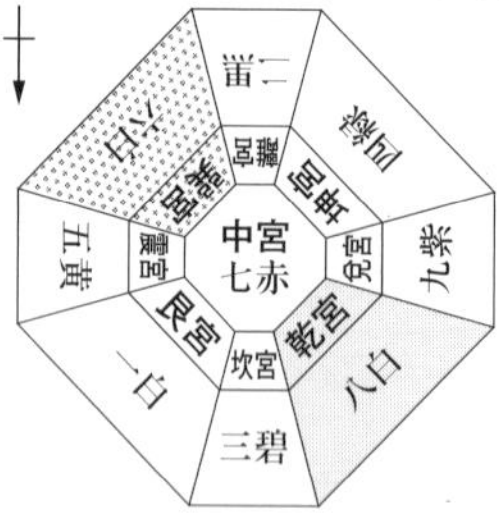

定位盤(九星盤)

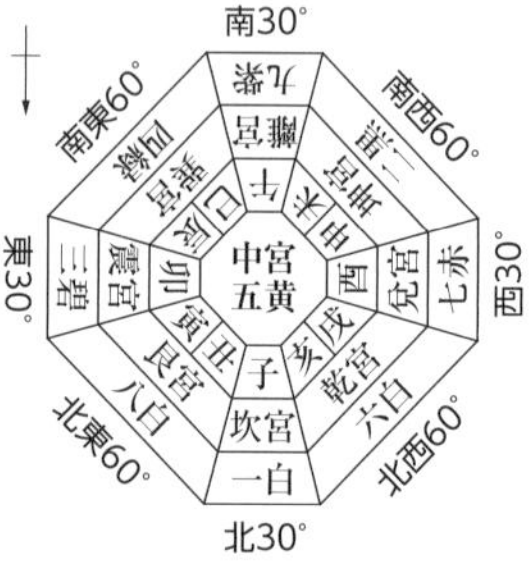

三碧中宮の年(月・日・時)盤

吉方＝南 30°　南西 60°
北 30°　北東 60°

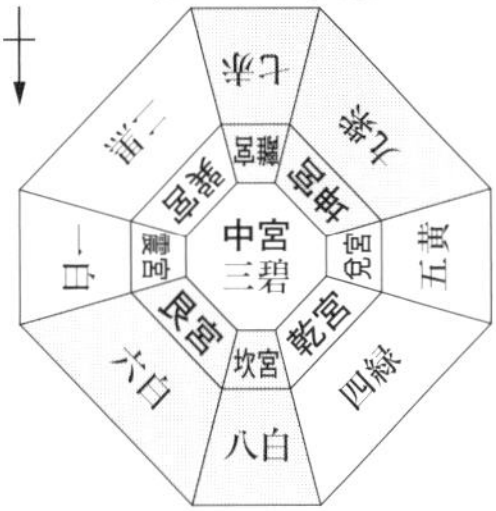

二黒中宮の年(月・日・時)盤

吉方＝南 30°　北 30°
東 30°

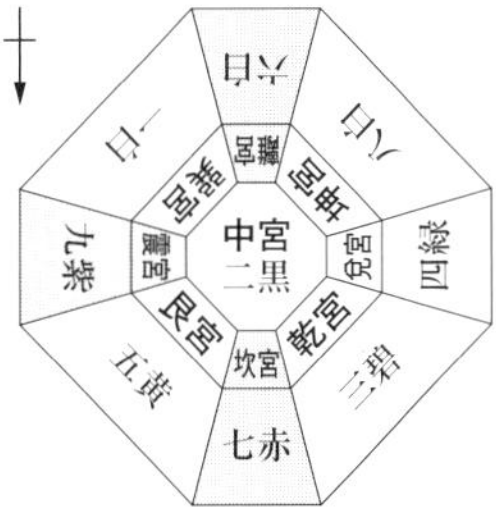

一白中宮の年(月・日・時)盤

吉方＝南西 60°　東 30°

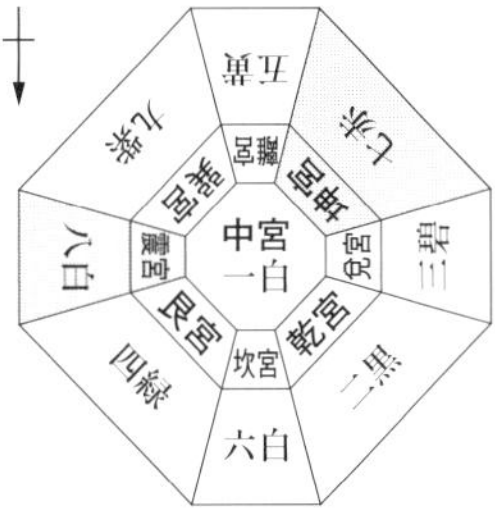

六白中宮の年(月・日・時)盤

吉方＝西 30°　北東 60°

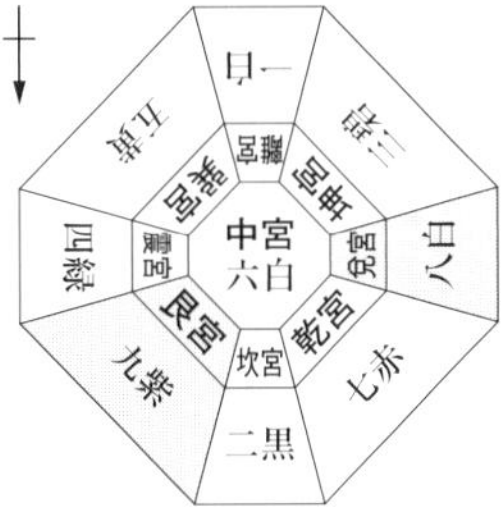

五黄中宮の年(月・日・時)盤

吉方＝南 30°　西 30°
北西 60°

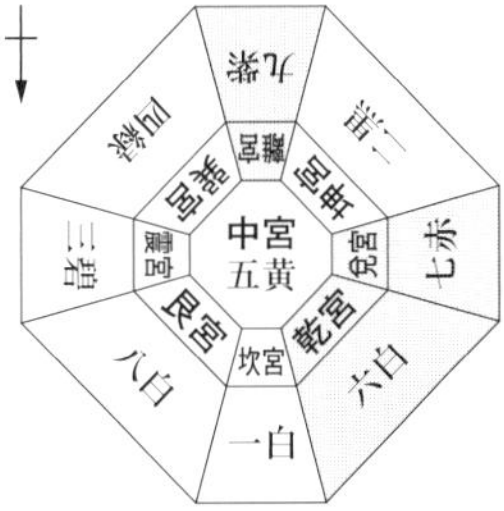

四緑中宮の年(月・日・時)盤

吉方＝南 30°　北東 60°
北 30°（定位対冲）

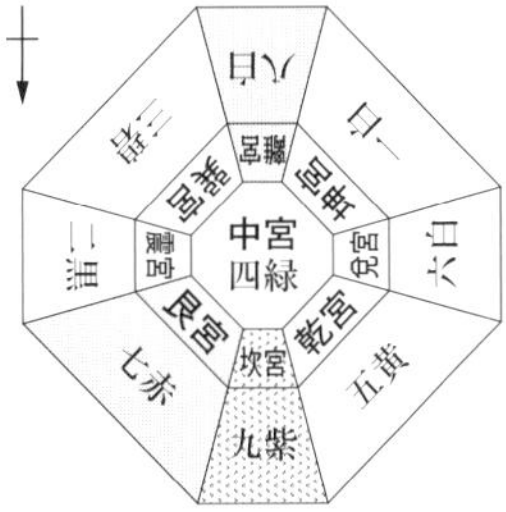

本命星・三碧木星の吉方表

表の見方

●表中の薄アミがかかった宮が吉方位です。ただし「定位対冲」の方位（点アミの方位）は、吉凶ともに激しい作用があります。（本文二章「方位学が明かす大凶殺方位」参照）

●たとえこの表で吉方位になっていても、「破」がつけば凶方位となって使えません。「破」とは、その年（月・日・時）の十二支の正反対の方位です。

たとえば、子《ね》の年（月・日・時）の歳破（月破・日破・時破）は、子北30°の正反対の午《うま》南30°となります。

96ページの「破の方位表」で調べてください。

九紫中宮の年（月・日・時）盤

吉方＝北西 60°

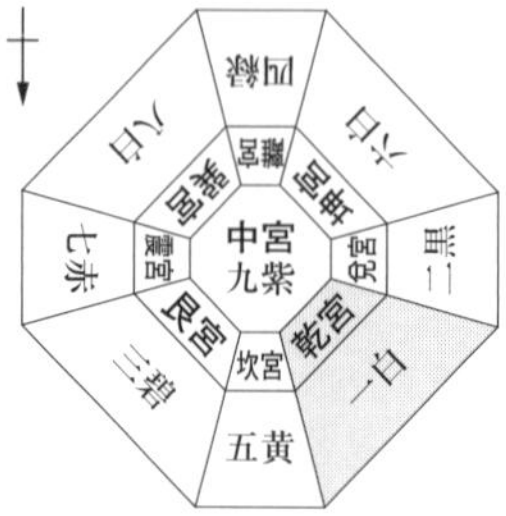

八白中宮の年（月・日・時）盤

吉方＝西 30°　北西 60°

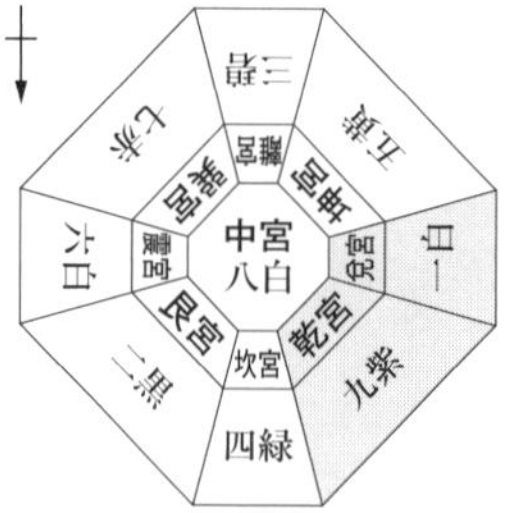

七赤中宮の年（月・日・時）盤

吉方＝南西 60°
北東 60°

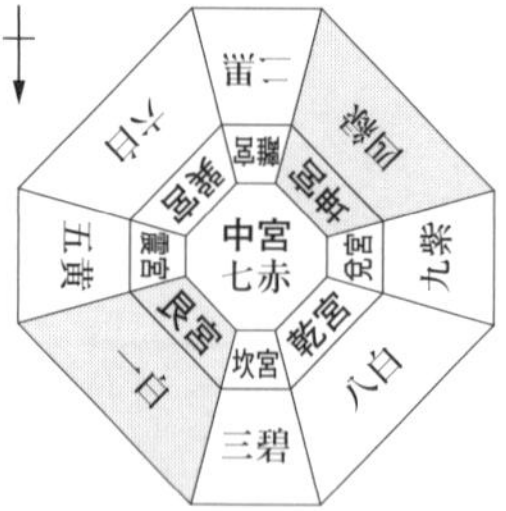

定位盤（九星盤）

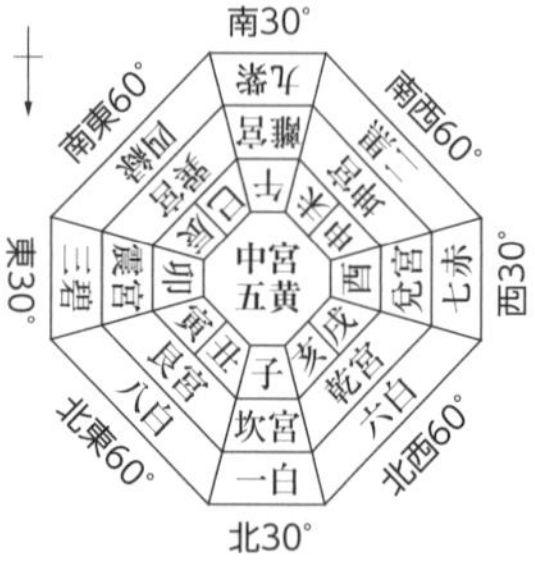

三碧中宮の年(月・日・時)盤

吉方＝南西 60°
北西 60°（定位対冲）

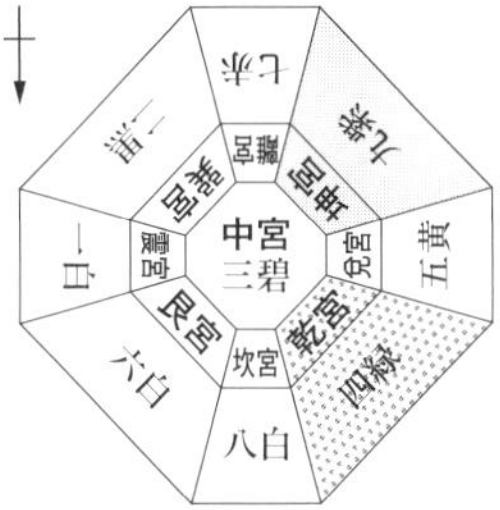

六白中宮の年(月・日・時)盤

吉方＝東 30°
南 30°（定位対冲）

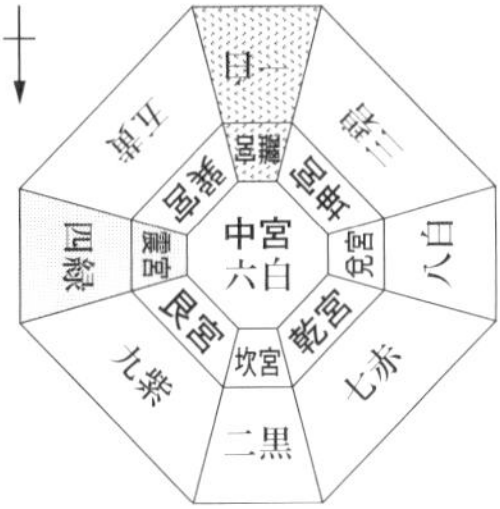

二黒中宮の年(月・日・時)盤

吉方＝西 30°　東 30°

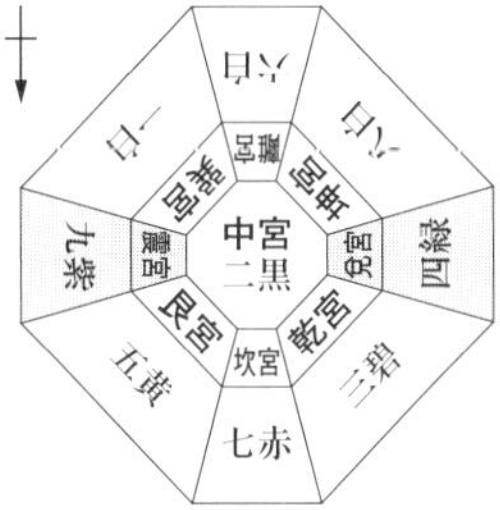

五黄中宮の年(月・日・時)盤

吉方＝南 30°　北 30°
南東 60°

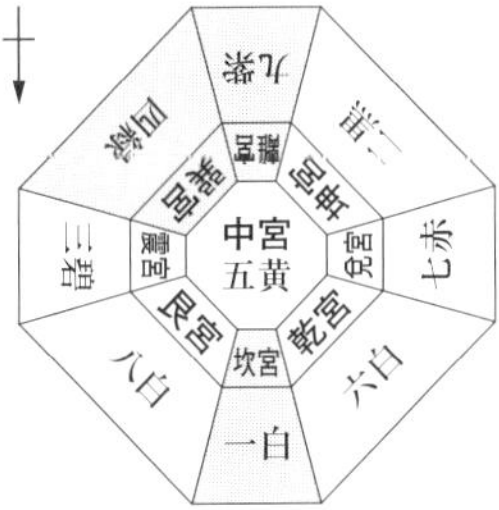

一白中宮の年(月・日・時)盤

吉方＝北東 60°　南東 60°

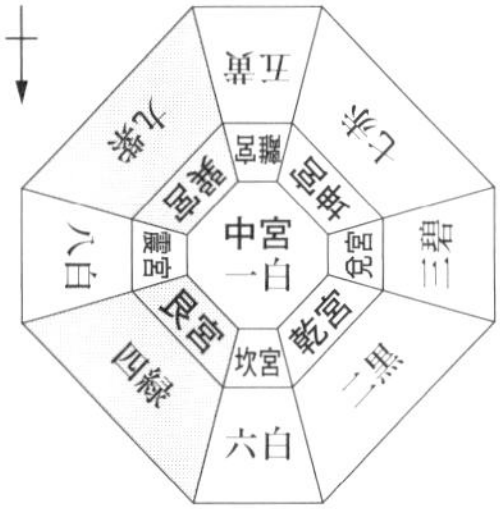

四緑中宮の年(月・日・時)盤

吉方＝南西 60°
北 30°（定位対冲）

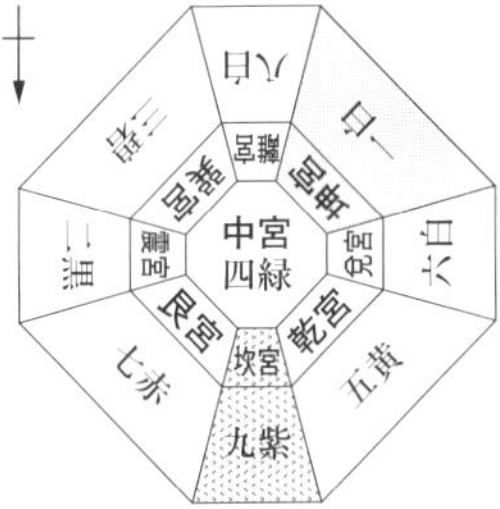

本命星・四緑木星の吉方表

表の見方

●表中の薄アミがかかった宮が吉方位です。ただし「定位対冲」の方位（点アミの方位）は、吉凶ともに激しい作用があります。（本文二章「方位学が明かす大凶殺方位」参照）

●たとえこの表で吉方位になっていても、「破」がつけば凶方位となって使えません。「破」とは、その年（月・日・時）の十二支の正反対の方位です。

たとえば、子《ね》の年（月・日・時）の歳破（月破・日破・時破）は、子北30°の正反対の午《うま》南30°となります。

96ページの「破の方位表」で調べてください。

九紫中宮の年（月・日・時）盤

吉方＝北西 60°　北東 60°

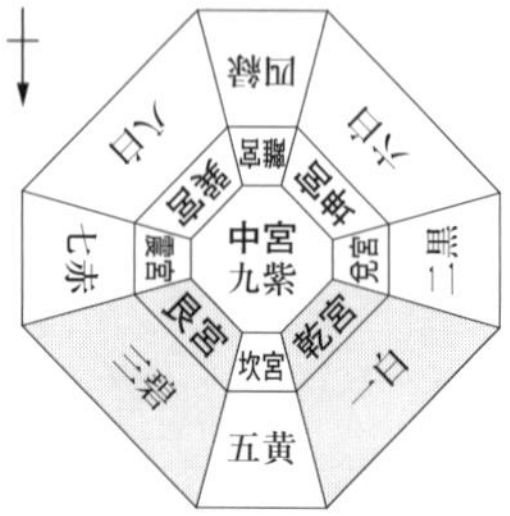

八白中宮の年（月・日・時）盤

吉方＝西 30°　北西 60°

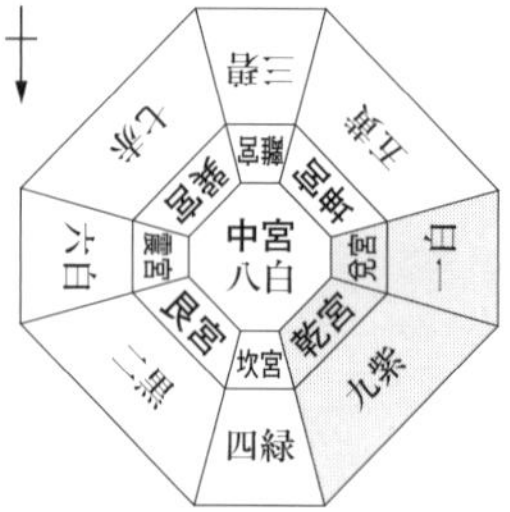

七赤中宮の年（月・日・時）盤

吉方＝北 30°

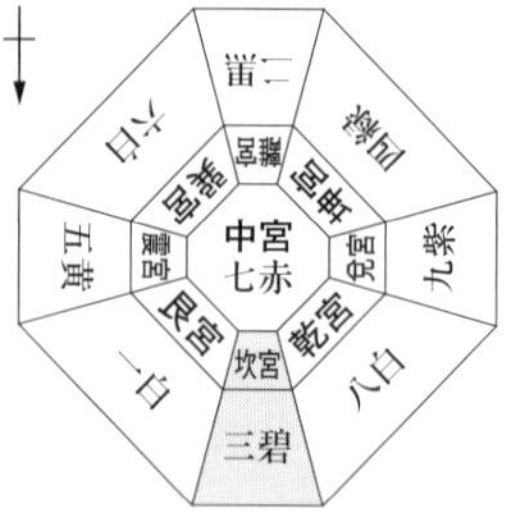

定位盤（九星盤）

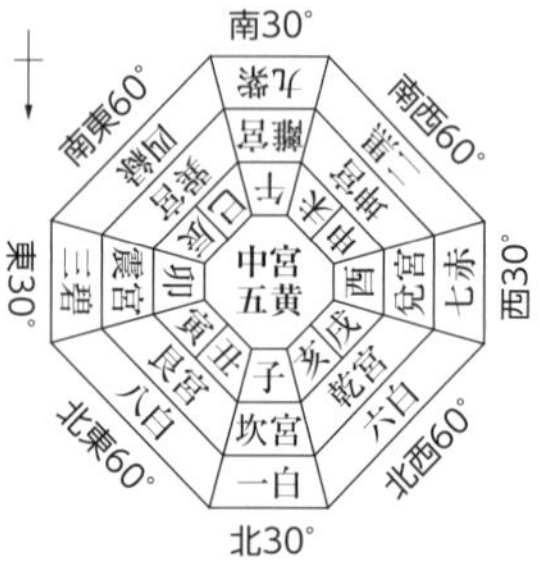

三碧中宮の年(月・日・時)盤

吉方＝南西 60°

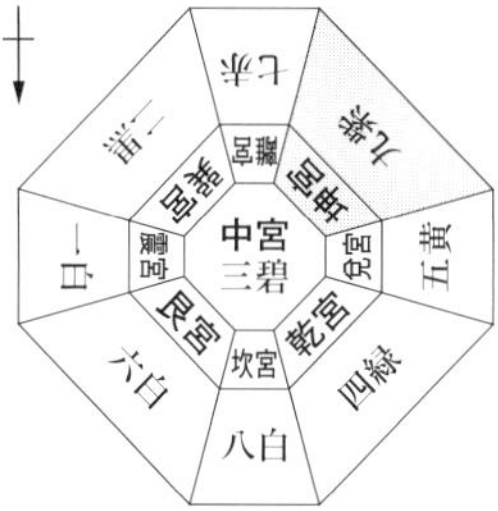

六白中宮の年(月・日・時)盤

吉方＝南西 60°　北東 60°
南 30°（定位対冲）

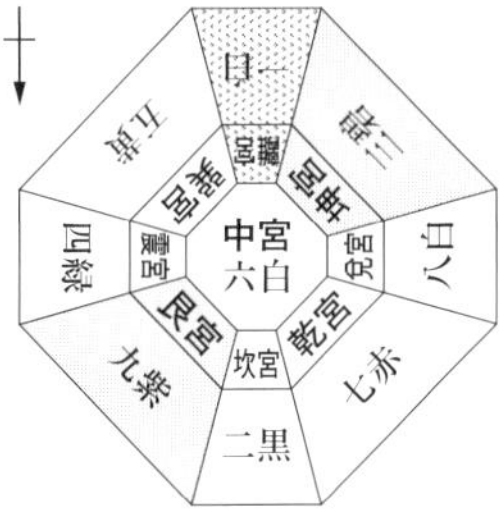

二黒中宮の年(月・日・時)盤

吉方＝北西 60°　南東 60°

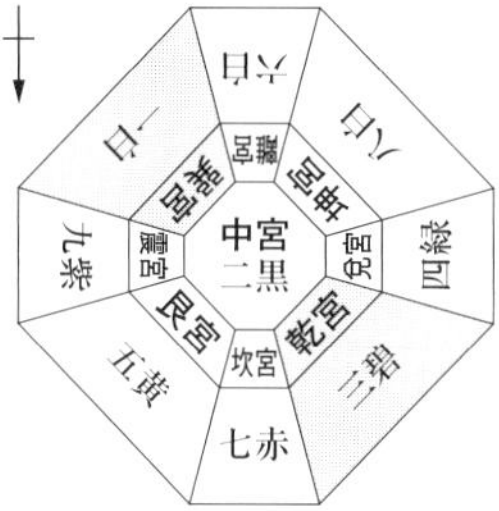

五黄中宮の年(月・日・時)盤

吉方＝南 30°　北 30°
東 30°

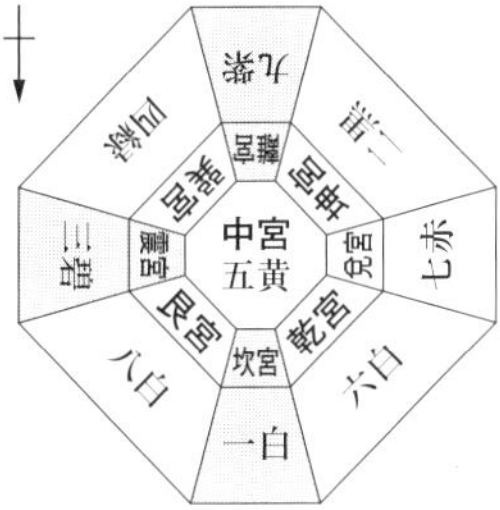

一白中宮の年(月・日・時)盤

吉方＝南東 60°
西 30°（定位対冲）

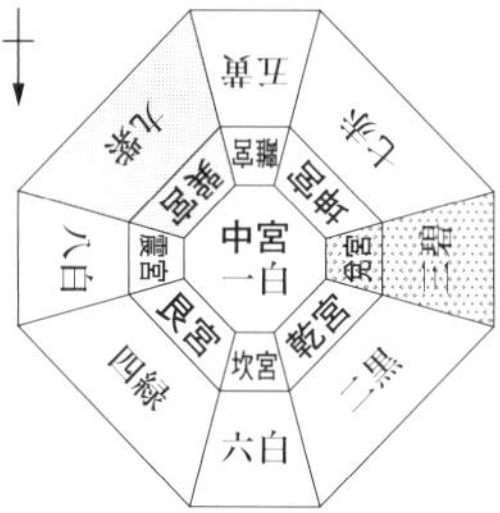

四緑中宮の年(月・日・時)盤

吉方＝南西 60°
北 30°（定位対冲）

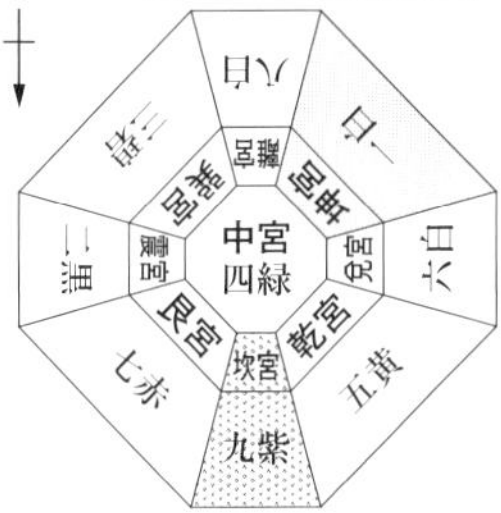

本命星・五黄土星の吉方表

表の見方

●表中の薄アミがかかった宮が吉方位です。ただし「定位対沖」の方位（点アミの方位）は、吉凶ともに激しい作用があります。（本文二章「方位学が明かす大凶殺方位」参照）

●たとえこの表で吉方位になっていても、「破」がつけば凶方位となって使えません。「破」とは、その年（月・日・時）の十二支の正反対の方位です。

たとえば、子《ね》の年（月・日・時）の歳破（月破・日破・時破）は、子北30°の正反対の午《うま》南30°となります。

96ページの「破の方位表」で調べてください。

九紫中宮の年（月・日・時）盤

吉方＝南西 60°　西 30°　南東 60°
東 30°（定位対沖）

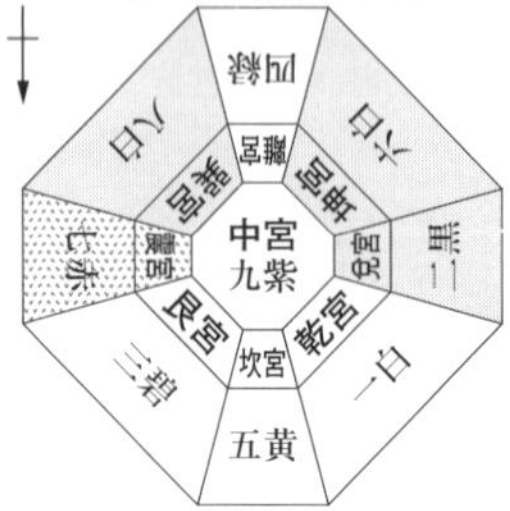

八白中宮の年（月・日・時）盤

吉方＝北西 60°　東 30°
南東 60°

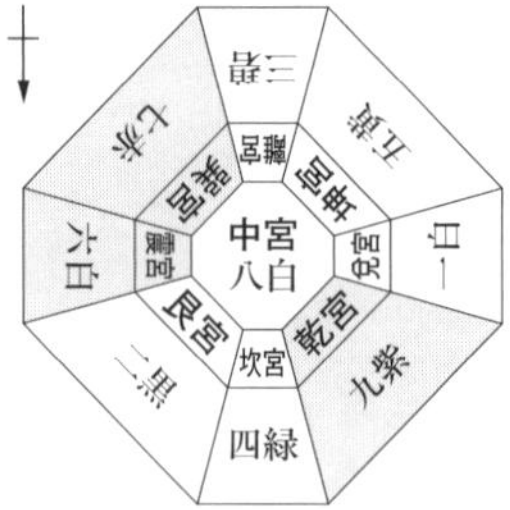

七赤中宮の年（月・日・時）盤

吉方＝南 30°　北西 60°
南東 60°（定位対沖）

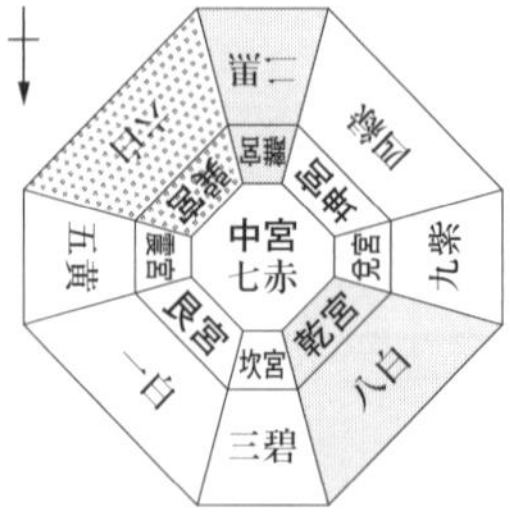

定位盤（九星盤）

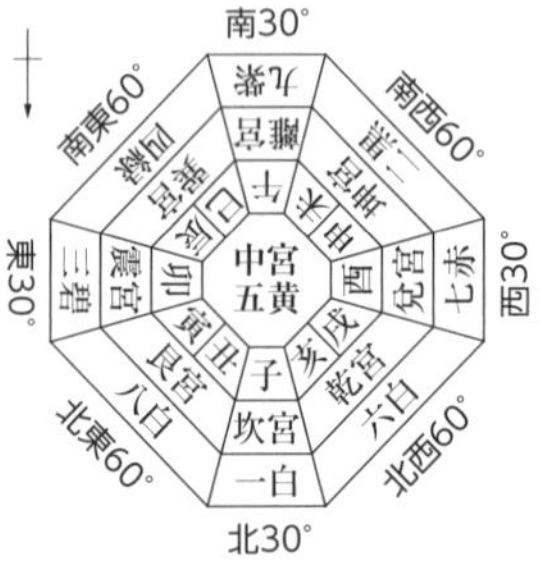

三碧中宮の年(月・日・時)盤

吉方＝南 30°　南西 60°　北 30°
北東 60°　南東 60°

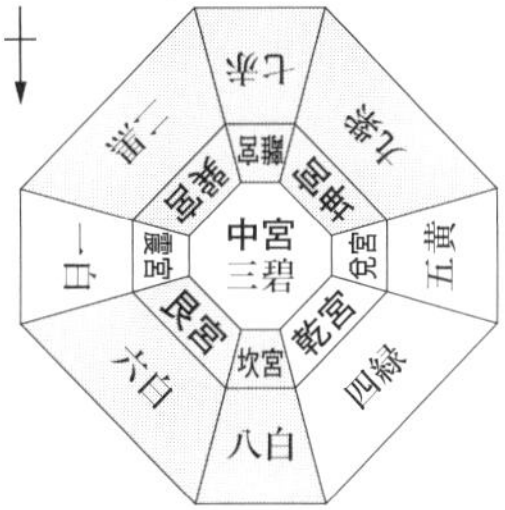

六白中宮の年(月・日・時)盤

吉方＝西 30°　北 30°
北東 60°

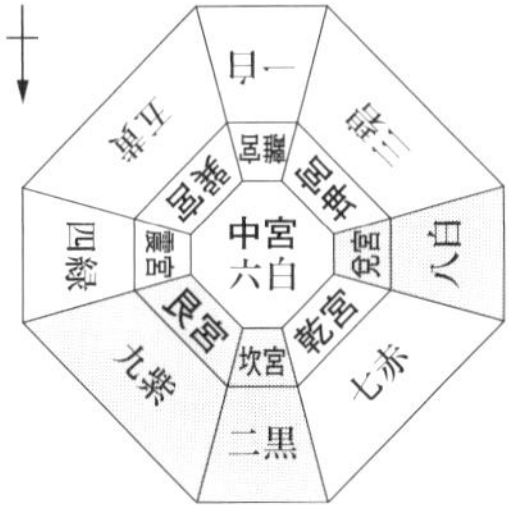

二黒中宮の年(月・日・時)盤

吉方＝南 30°　北 30°
東 30°

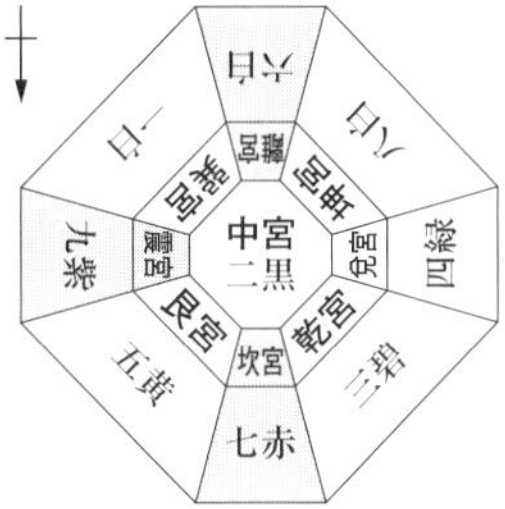

五黄中宮の年(月・日・時)盤

吉方＝南 30°　南西 60°　西 30°
北西 60°　北東 60°

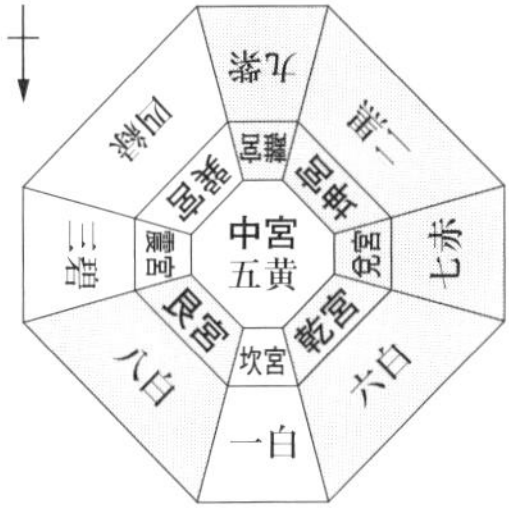

一白中宮の年(月・日・時)盤

吉方＝南西 60°　北西 60°
東 30°　南東 60°

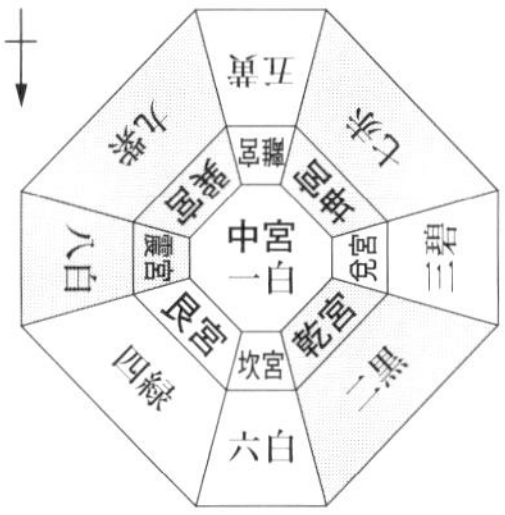

四緑中宮の年(月・日・時)盤

吉方＝南 30°　西 30°　北東 60°
東 30°　北 30°(定位対冲)

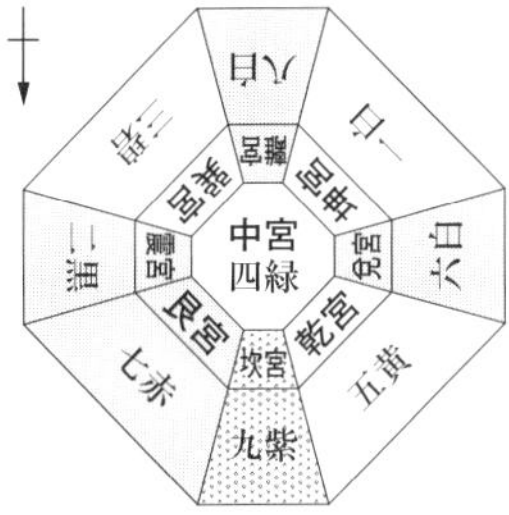

本命星・六白金星の吉方表

表の見方

●表中の薄アミがかかった宮が吉方位です。ただし「定位対冲」の方位（点アミの方位）は、吉凶ともに激しい作用があります。（本文二章「方位学が明かす大凶殺方位」参照）

●たとえこの表で吉方位になっていても、「破」がつけば凶方位となって使えません。「破」とは、その年（月・日・時）の十二支の正反対の方位です。

たとえば、子《ね》の年（月・日・時）の歳破（月破・日破・時破）は、子北30°の正反対の午《うま》南30°となります。

96ページの「破の方位表」で調べてください。

九紫中宮の年（月・日・時）盤

吉方＝西 30° 北西 60° 南東 60°
東 30°（定位対冲）

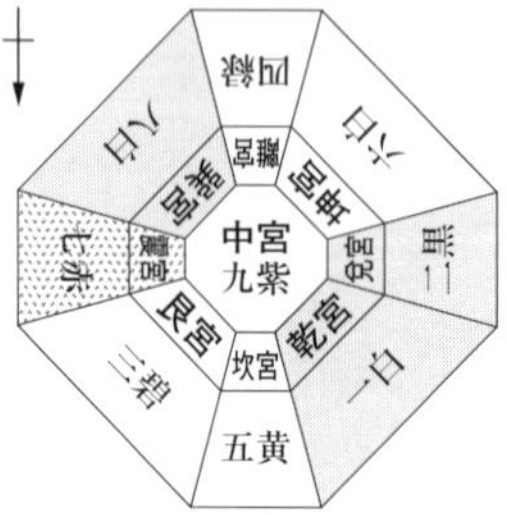

八白中宮の年（月・日・時）盤

吉方＝南東 60°

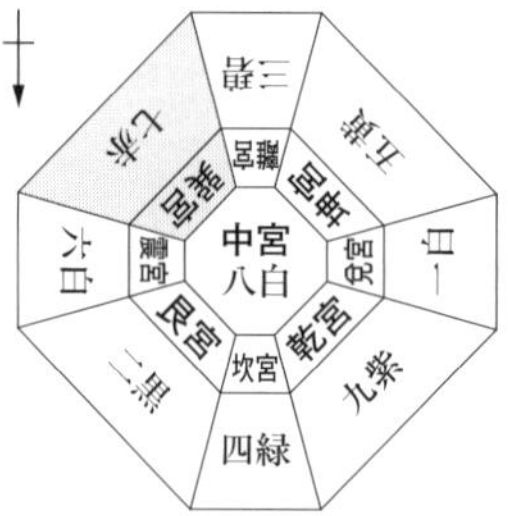

七赤中宮の年（月・日・時）盤

吉方＝南 30° 北東 60°

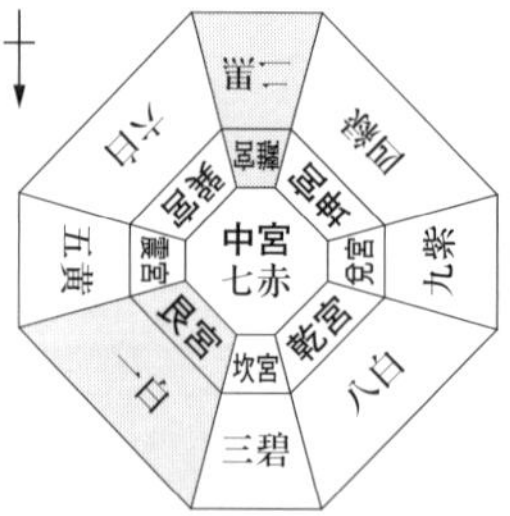

定位盤（九星盤）

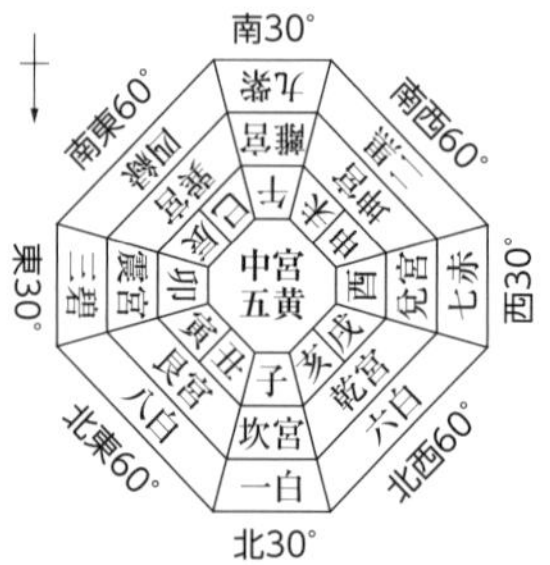

三碧中宮の年(月・日・時)盤

吉方＝南 30°　北 30°
南東 60°

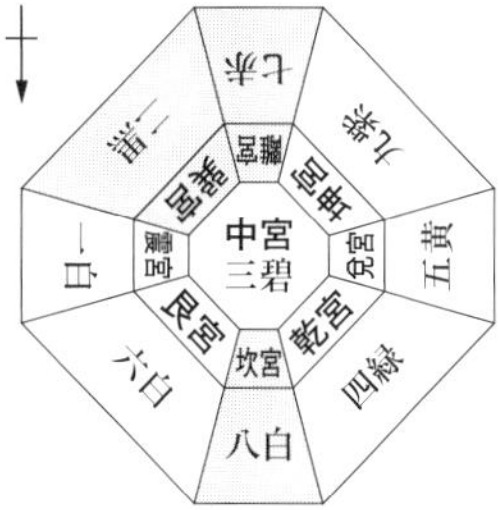

六白中宮の年(月・日・時)盤

吉方＝西 30°　北 30°
南 30°（定位対冲）

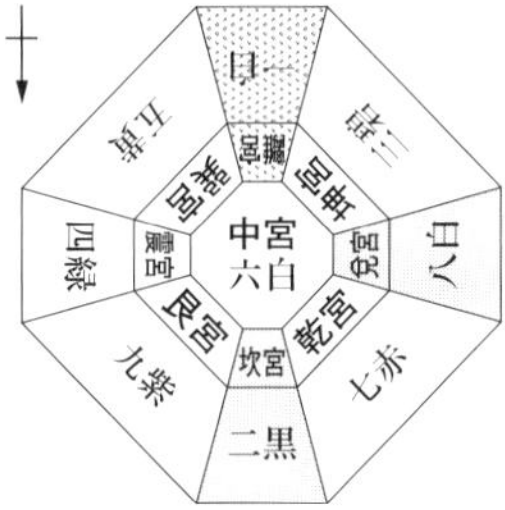

二黒中宮の年(月・日・時)盤

吉方＝南東 60°

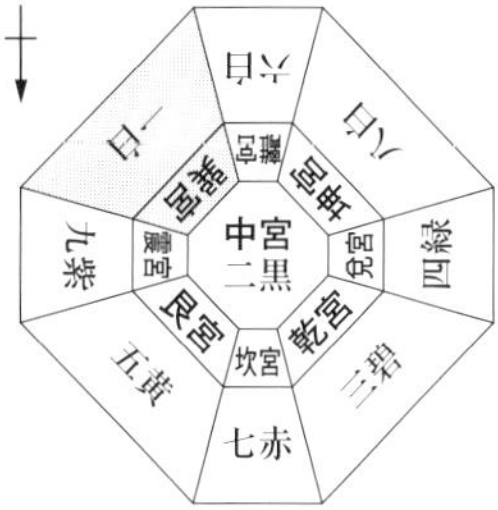

五黄中宮の年(月・日・時)盤

吉方＝南西 60°　西 30°
北 30°　北東 60°

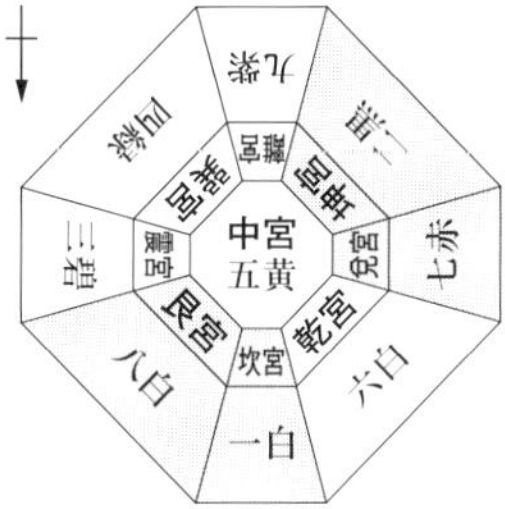

一白中宮の年(月・日・時)盤

吉方＝南西 60°　北西 60°
東 30°

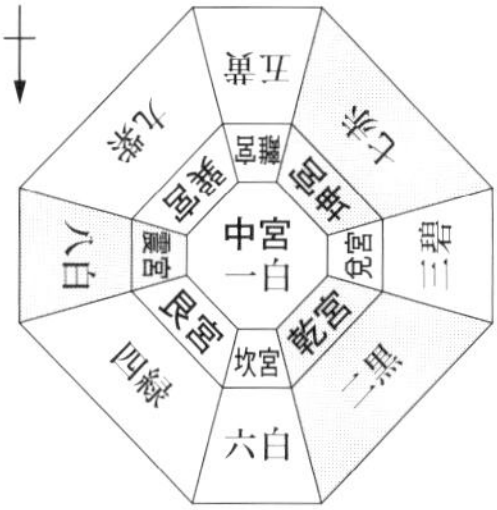

四緑中宮の年(月・日・時)盤

吉方＝南 30°　南西 60°
北東 60°

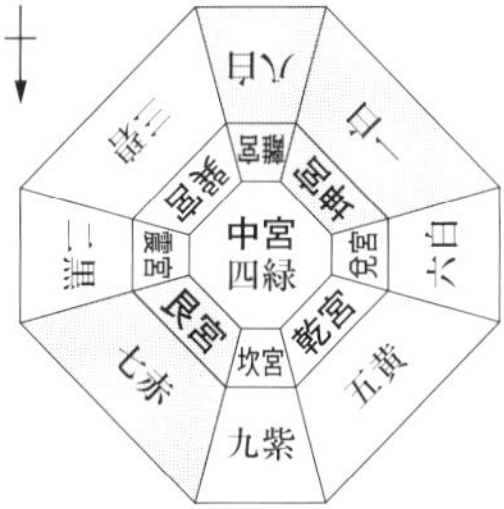

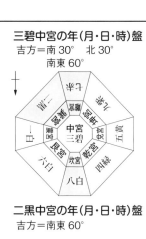

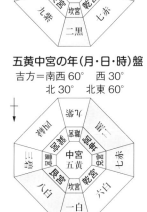

本命星・七赤金星の吉方表

表の見方

●表中の薄アミがかかった宮が吉方位です。ただし「定位対冲」の方位（点アミの方位）は、吉凶ともに激しい作用があります。（本文二章「方位学が明かす大凶殺方位」参照）

●たとえこの表で吉方位になっていても、「破」がつけば凶方位となって使えません。「破」とは、その年（月・日・時）の十二支の正反対の方位です。

たとえば、子《ね》の年（月・日・時）の歳破（月破・日破・時破）は、子北30°の正反対の午《うま》南30°となります。

96ページの「破の方位表」で調べてください。

九紫中宮の年（月・日・時）盤

吉方＝南西 60°　北西 60°
南東 60°

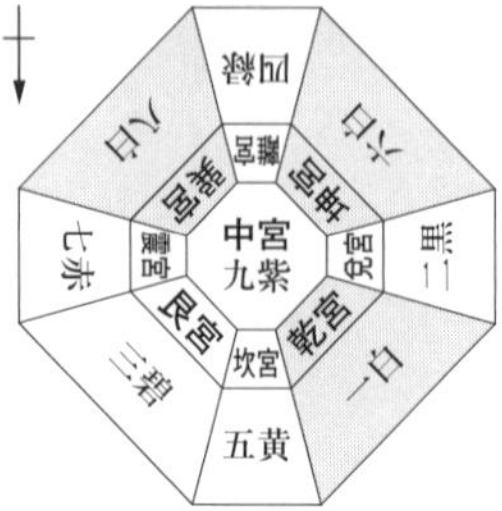

八白中宮の年（月・日・時）盤

吉方＝西 30°　東 30°

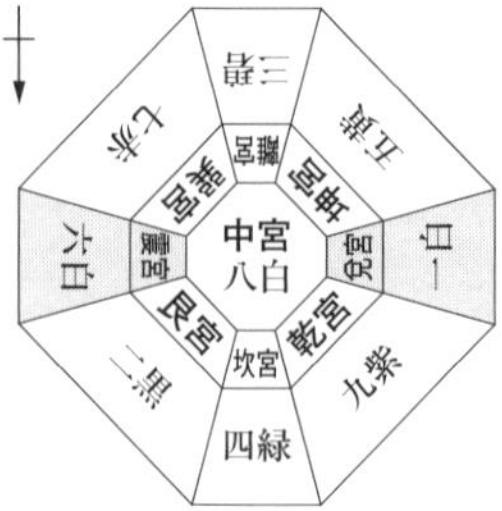

七赤中宮の年（月・日・時）盤

吉方＝南 30°　北西 60°　北東 60°
南東 60°（定位対冲）

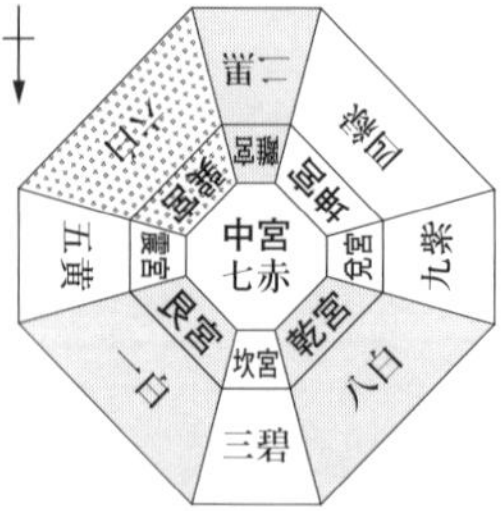

定位盤（九星盤）

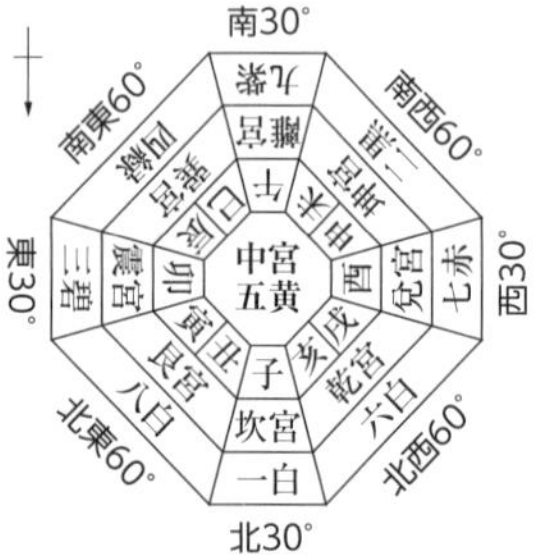

三碧中宮の年(月・日・時)盤

吉方＝北東 60°　南東 60°

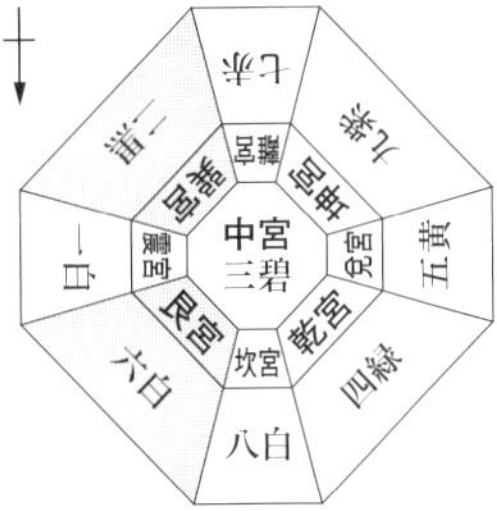

六白中宮の年(月・日・時)盤

吉方＝西 30°　北 30°
南 30°（定位対冲）

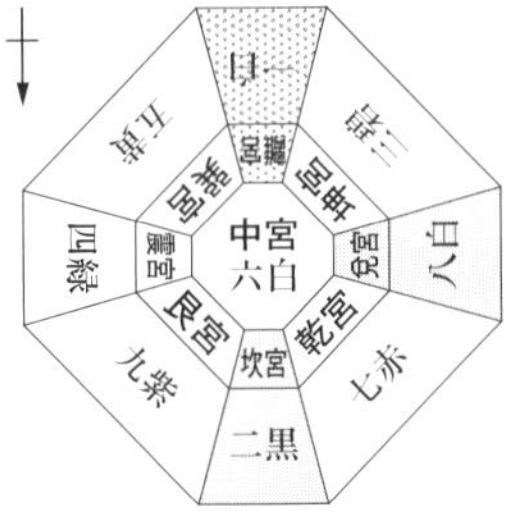

二黒中宮の年(月・日・時)盤

吉方＝南東 60°

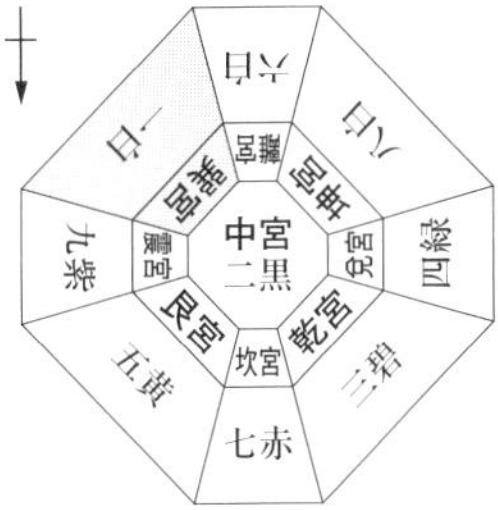

五黄中宮の年(月・日・時)盤

吉方＝南西 60°　北西 60°
北 30°　北東 60°

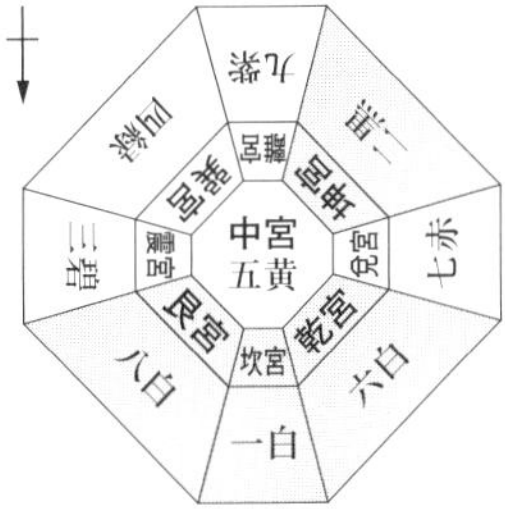

一白中宮の年(月・日・時)盤

吉方＝北西 60°　東 30°

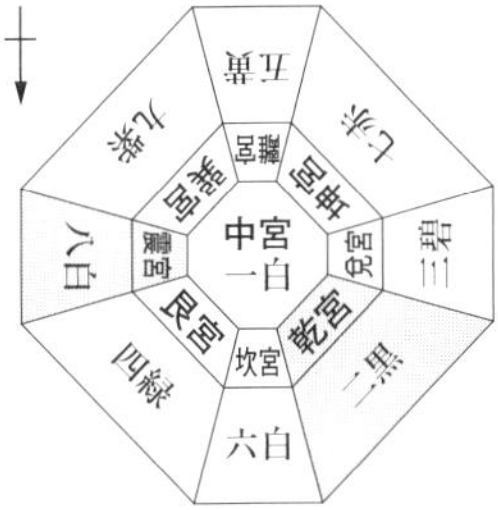

四緑中宮の年(月・日・時)盤

吉方＝南 30°　西 30°
東 30°

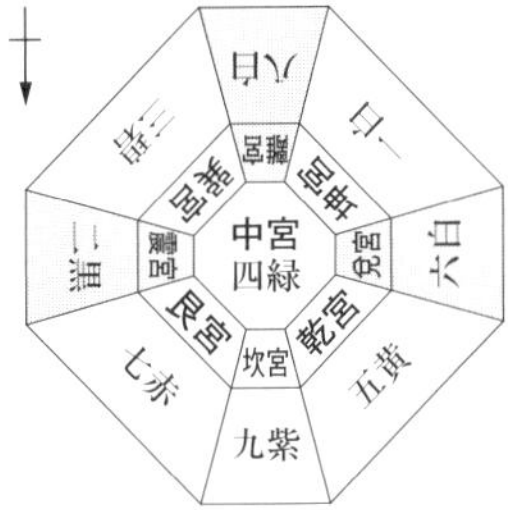

本命星・八白土星の吉方表

表の見方

●表中の薄アミがかかった宮が吉方位です。ただし「定位対冲」の方位（点アミの方位）は、吉凶ともに激しい作用があります。（本文二章「方位学が明かす大凶殺方位」参照）

●たとえこの表で吉方位になっていても、「破」がつけば凶方位となって使えません。「破」とは、その年（月・日・時）の十二支の正反対の方位です。

たとえば、子《ね》の年（月・日・時）の歳破（月破・日破・時破）は、子北30°の正反対の午《うま》南30°となります。

96ページの「破の方位表」で調べてください。

九紫中宮の年（月・日・時）盤

吉方＝南西 60°　西 30°
東 30°（定位対冲）

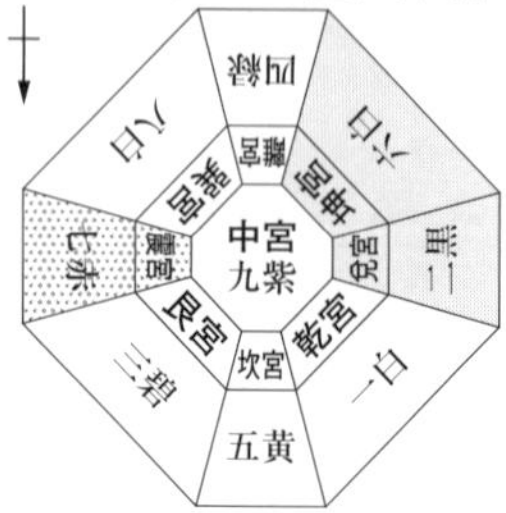

八白中宮の年（月・日・時）盤

吉方＝北西 60°　東 30°
南東 60°

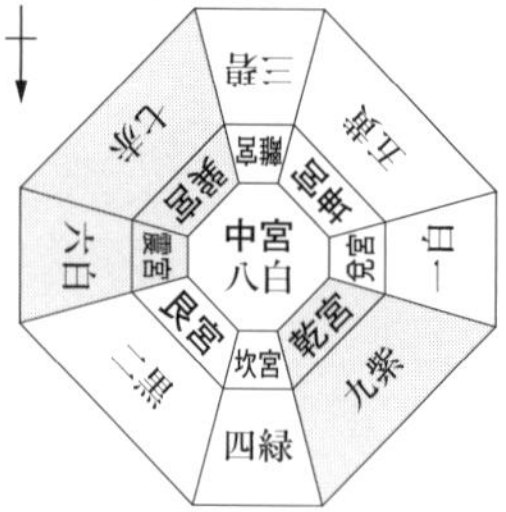

七赤中宮の年（月・日・時）盤

吉方＝南 30°

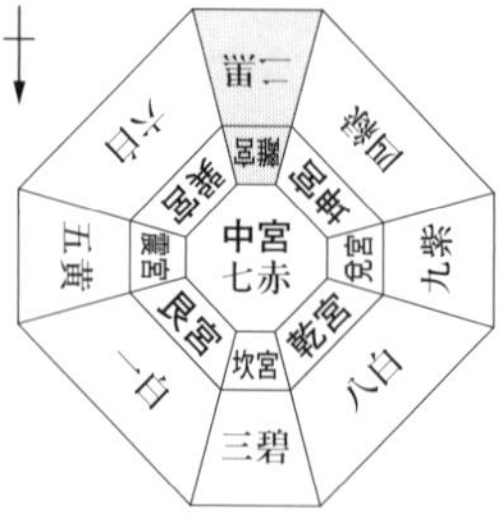

定位盤（九星盤）

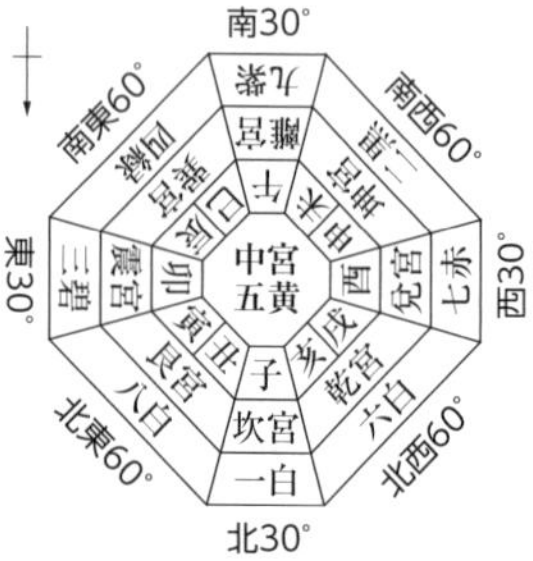

三碧中宮の年(月・日・時)盤

吉方＝南西 60°　北東 60°
南東 60°

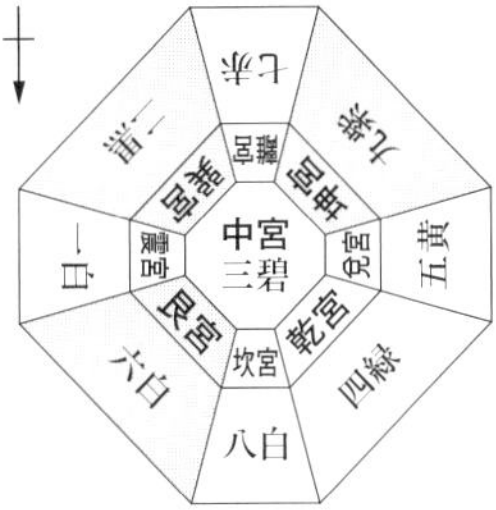

二黒中宮の年(月・日・時)盤

吉方＝南 30°　北 30°
東 30°

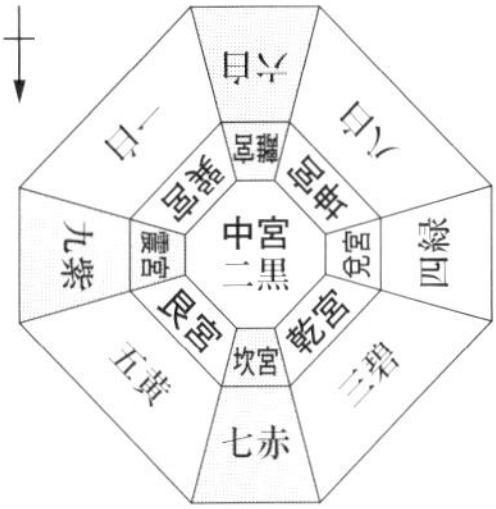

一白中宮の年(月・日・時)盤

吉方＝南西 60°　北西 60°
南東 60°

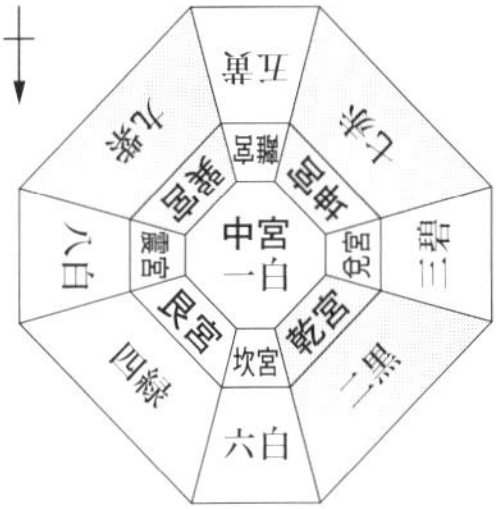

六白中宮の年(月・日・時)盤

吉方＝北 30°　北東 60°

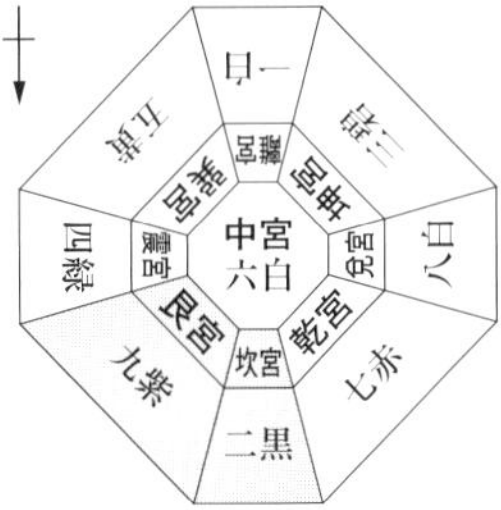

五黄中宮の年(月・日・時)盤

吉方＝南 30°　西 30°
北西 60°

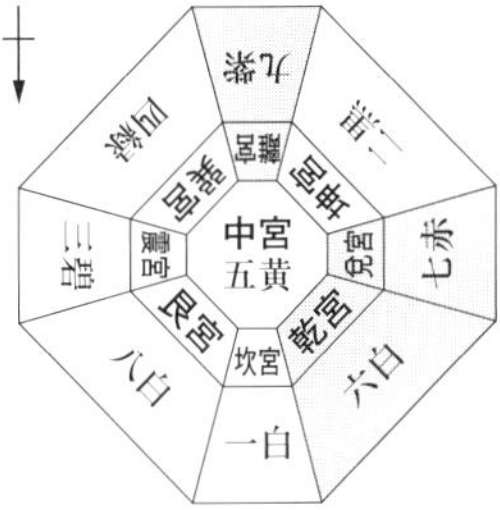

四緑中宮の年(月・日・時)盤

吉方＝西 30°　北東 60°
東 30°

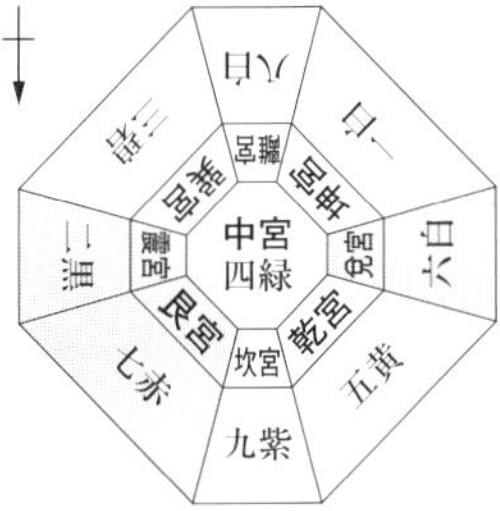

本命星・九紫火星の吉方表

表の見方

●表中の薄アミがかかった宮が吉方位です。ただし「定位対冲」の方位（点アミの方位）は、吉凶ともに激しい作用があります。（本文二章「方位学が明かす大凶殺方位」参照）

●たとえこの表で吉方位になっていても、「破」がつけば凶方位となって使えません。「破」とは、その年（月・日・時）の十二支の正反対の方位です。

たとえば、子《ね》の年（月・日・時）の歳破（月破・日破・時破）は、子北30°の正反対の午《うま》南30°となります。

96ページの「破の方位表」で調べてください。

九紫中宮の年（月・日・時）盤

吉方＝西 30°　北東 60°　南東 60°

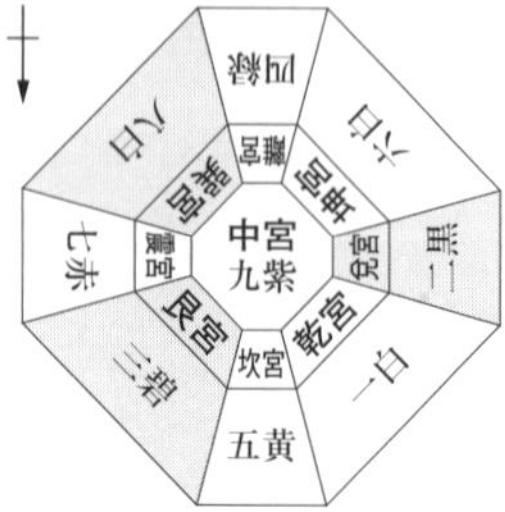

八白中宮の年（月・日・時）盤

吉方＝南 30°　北 30°

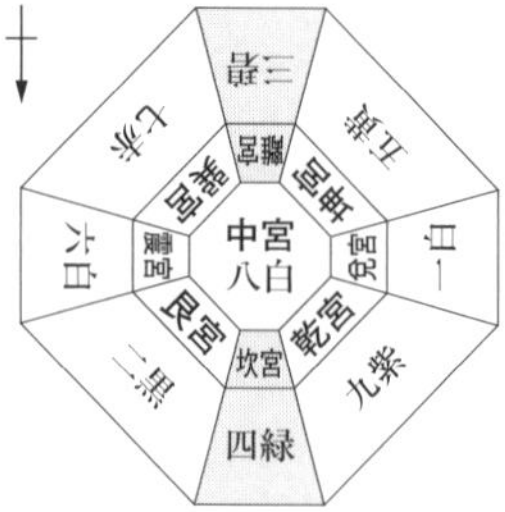

七赤中宮の年（月・日・時）盤

吉方＝南 30°　南西 60°　北西 60°　北 30°

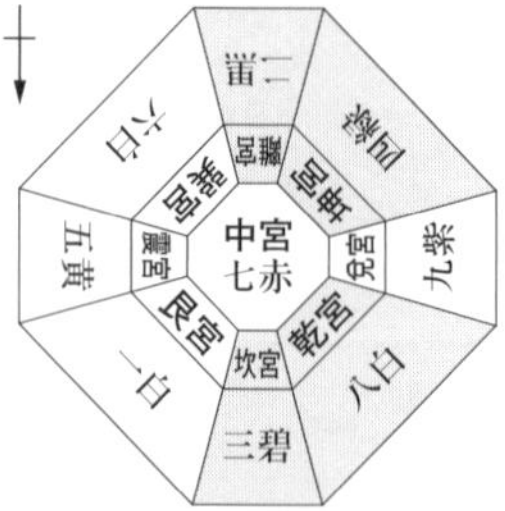

定位盤（九星盤）

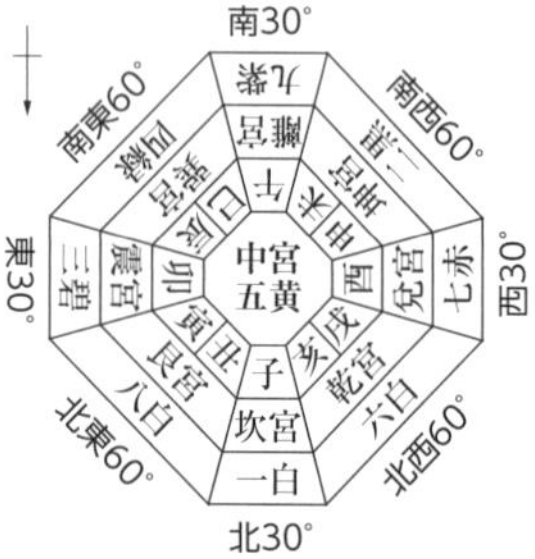

三碧中宮の年(月・日・時)盤

吉方＝北 30°　南東 60°
北西 60°（定位対冲）

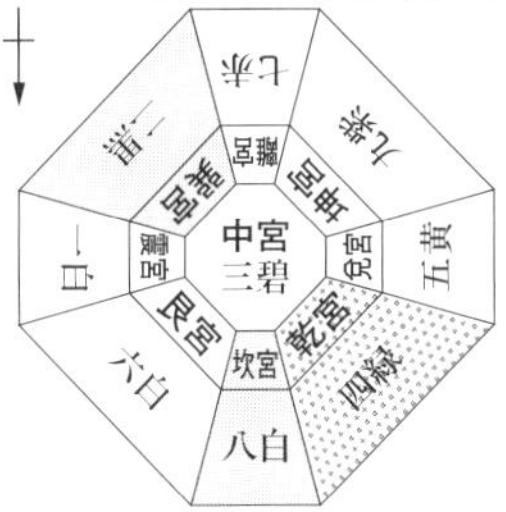

六白中宮の年(月・日・時)盤

吉方＝西 30°　北 30°
東 30°

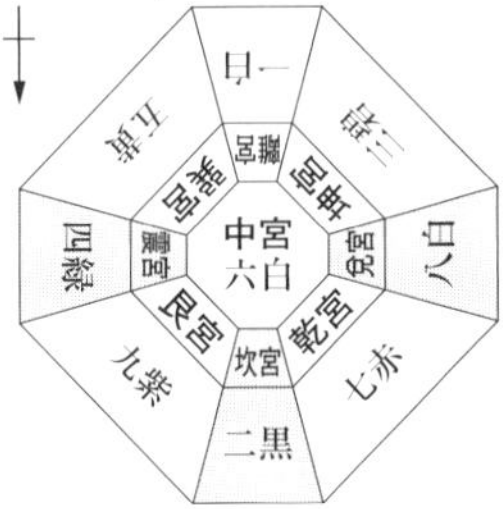

二黒中宮の年(月・日・時)盤

吉方＝北西 60°

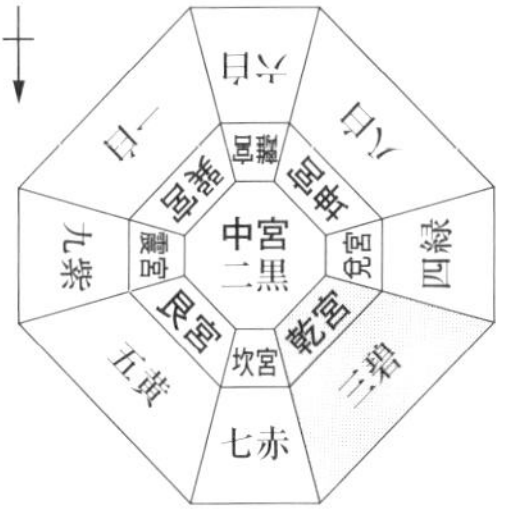

五黄中宮の年(月・日・時)盤

吉方＝南西 60°　北東 60°
東 30°　南東 60°

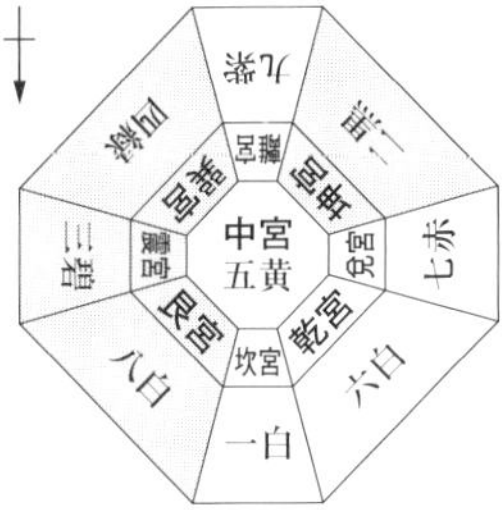

一白中宮の年(月・日・時)盤

吉方＝北東 60°　東 30°
西 30°（定位対冲）

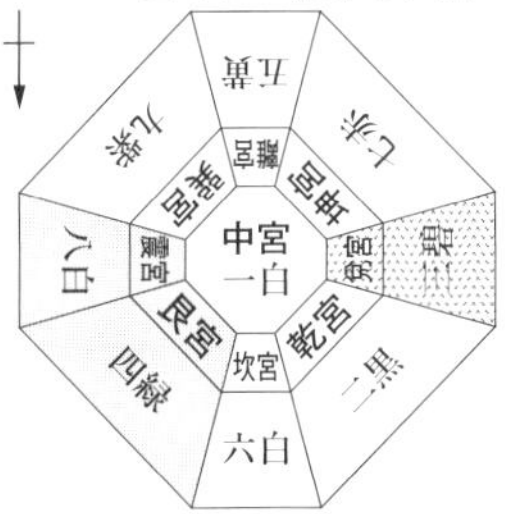

四緑中宮の年(月・日・時)盤

吉方＝東 30°

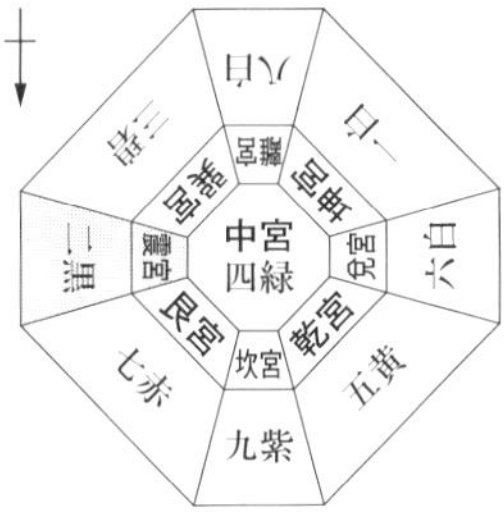

九星循環表（暦）

月／日	7月	8月	9月	10月	11月	12月
	九紫未	八白申	七赤酉	六白戌	五黄亥	四緑子
1日	五黄戌	一白巳	六白子	三碧午	八白丑	五黄未
2日	六白亥	九紫午	五黄丑	二黒未	七赤寅	四緑申
3日	七赤子	八白未	四緑寅	一白申	六白卯	三碧酉
4日	八白丑	七赤申	三碧卯	九紫酉	五黄辰	二黒戌
5日	九紫寅	六白酉	二黒辰	八白戌	四緑巳	一白亥
6日	一白卯	五黄戌	一白巳	七赤亥	三碧午	九紫子
7日	二黒辰	四緑亥	九紫午	六白子	二黒未	八白丑
8日	三碧巳	三碧子	八白未	五黄丑	一白申	七赤寅
9日	四緑午	二黒丑	七赤申	四緑寅	九紫酉	六白卯
10日	五黄未	一白寅	六白酉	三碧卯	八白戌	五黄辰
11日	六白申	九紫卯	五黄戌	二黒辰	七赤亥	四緑巳
12日	七赤酉	八白辰	四緑亥	一白巳	六白子	三碧午
13日	八白戌	七赤巳	三碧子	九紫午	五黄丑	二黒未
14日	九紫亥	六白午	二黒丑	八白未	四緑寅	一白申
15日	九紫子	五黄未	一白寅	七赤申	三碧卯	九紫酉
16日	八白丑	四緑申	九紫卯	六白酉	二黒辰	八白戌
17日	七赤寅	三碧酉	八白辰	五黄戌	一白巳	七赤亥
18日	六白卯	二黒戌	七赤巳	四緑亥	九紫午	六白子
19日	五黄辰	一白亥	六白午	三碧子	八白未	五黄丑
20日	四緑巳	九紫子	五黄未	二黒丑	七赤申	四緑寅
21日	三碧午	八白丑	四緑申	一白寅	六白酉	三碧卯
22日	二黒未	七赤寅	三碧酉	九紫卯	五黄戌	二黒辰
23日	一白申	六白卯	二黒戌	八白辰	四緑亥	一白巳
24日	九紫酉	五黄辰	一白亥	七赤巳	三碧子	九紫午
25日	八白戌	四緑巳	九紫子	六白午	二黒丑	八白未
26日	七赤亥	三碧午	八白丑	五黄未	一白寅	七赤申
27日	六白子	二黒未	七赤寅	四緑申	九紫卯	六白酉
28日	五黄丑	一白申	六白卯	三碧酉	八白辰	五黄戌
29日	四緑寅	九紫酉	五黄辰	二黒戌	七赤巳	四緑亥
30日	三碧卯	八白戌	四緑巳	一白亥	六白午	三碧子
31日	二黒辰	七赤亥		九紫子		二黒丑

※太線の区切りは「月」の節がわりを示し、線の上側までは前月の中宮星となります。なお、日にちはそのままの九星です。

令和3年（西暦2021年）六白金星・丑

月／日	1月	2月	3月	4月	5月	6月
	六白丑	五黄寅	四緑卯	三碧辰	二黒巳	一白午
1日	六白酉	八白辰	九紫申	四緑卯	七赤酉	二黒辰
2日	五黄戌	九紫巳	一白酉	五黄辰	八白戌	三碧巳
3日	四緑亥	一白午	二黒戌	六白巳	九紫亥	四緑午
4日	三碧子	二黒未	三碧亥	七赤午	一白子	五黄未
5日	二黒丑	三碧申	四緑子	八白未	二黒丑	六白申
6日	一白寅	四緑酉	五黄丑	九紫申	三碧寅	七赤酉
7日	九紫卯	五黄戌	六白寅	一白酉	四緑卯	八白戌
8日	八白辰	六白亥	七赤卯	二黒戌	五黄辰	九紫亥
9日	七赤巳	七赤子	八白辰	三碧亥	六白巳	一白子
10日	六白午	八白丑	九紫巳	四緑子	七赤午	二黒丑
11日	五黄未	九紫寅	一白午	五黄丑	八白未	三碧寅
12日	四緑申	一白卯	二黒未	六白寅	九紫申	四緑卯
13日	三碧酉	二黒辰	三碧申	七赤卯	一白酉	五黄辰
14日	二黒戌	三碧巳	四緑酉	八白辰	二黒戌	六白巳
15日	一白亥	四緑午	五黄戌	九紫巳	三碧亥	七赤午
16日	一白子	五黄未	六白亥	一白午	四緑子	八白未
17日	二黒丑	六白申	七赤子	二黒未	五黄丑	九紫申
18日	三碧寅	七赤酉	八白丑	三碧申	六白寅	一白酉
19日	四緑卯	八白戌	九紫寅	四緑酉	七赤卯	二黒戌
20日	五黄辰	九紫亥	一白卯	五黄戌	八白辰	三碧亥
21日	六白巳	一白子	二黒辰	六白亥	九紫巳	四緑子
22日	七赤午	二黒丑	三碧巳	七赤子	一白午	五黄丑
23日	八白未	三碧寅	四緑午	八白丑	二黒未	六白寅
24日	九紫申	四緑卯	五黄未	九紫寅	三碧申	七赤卯
25日	一白酉	五黄辰	六白申	一白卯	四緑酉	八白辰
26日	二黒戌	六白巳	七赤酉	二黒辰	五黄戌	九紫巳
27日	三碧亥	七赤午	八白戌	三碧巳	六白亥	一白午
28日	四緑子	八白未	九紫亥	四緑午	七赤子	二黒未
29日	五黄丑		一白子	五黄未	八白丑	三碧申
30日	六白寅		二黒丑	六白申	九紫寅	四緑酉
31日	七赤卯		三碧寅		一白卯	

九星循環表(暦)

月/日	7月	8月	9月	10月	11月	12月
	六白未	五黄申	四緑酉	三碧戌	二黒亥	一白子
1日	一白卯	五黄戌	一白巳	七赤亥	三碧午	九紫子
2日	二黒辰	四緑亥	九紫午	六白子	二黒未	八白丑
3日	三碧巳	三碧子	八白未	五黄丑	一白申	七赤寅
4日	四緑午	二黒丑	七赤申	四緑寅	九紫酉	六白卯
5日	五黄未	一白寅	六白酉	三碧卯	八白戌	五黄辰
6日	六白申	九紫卯	五黄戌	二黒辰	七赤亥	四緑巳
7日	七赤酉	八白辰	四緑亥	一白巳	六白子	三碧午
8日	八白戌	七赤巳	三碧子	九紫午	五黄丑	二黒未
9日	九紫亥	六白午	二黒丑	八白未	四緑寅	一白申
10日	九紫子	五黄未	一白寅	七赤申	三碧卯	九紫酉
11日	八白丑	四緑申	九紫卯	六白酉	二黒辰	八白戌
12日	七赤寅	三碧酉	八白辰	五黄戌	一白巳	七赤亥
13日	六白卯	二黒戌	七赤巳	四緑亥	九紫午	六白子
14日	五黄辰	一白亥	六白午	三碧子	八白未	五黄丑
15日	四緑巳	九紫子	五黄未	二黒丑	七赤申	四緑寅
16日	三碧午	八白丑	四緑申	一白寅	六白酉	三碧卯
17日	二黒未	七赤寅	三碧酉	九紫卯	五黄戌	二黒辰
18日	一白申	六白卯	二黒戌	八白辰	四緑亥	一白巳
19日	九紫酉	五黄辰	一白亥	七赤巳	三碧子	九紫午
20日	八白戌	四緑巳	九紫子	六白午	二黒丑	八白未
21日	七赤亥	三碧午	八白丑	五黄未	一白寅	七赤申
22日	六白子	二黒未	七赤寅	四緑申	九紫卯	六白酉
23日	五黄丑	一白申	六白卯	三碧酉	八白辰	五黄戌
24日	四緑寅	九紫酉	五黄辰	二黒戌	七赤巳	四緑亥
25日	三碧卯	八白戌	四緑巳	一白亥	六白午	三碧子
26日	二黒辰	七赤亥	三碧午	九紫子	五黄未	二黒丑
27日	一白巳	六白子	二黒未	八白丑	四緑申	一白寅
28日	九紫午	五黄丑	一白申	七赤寅	三碧酉	九紫卯
29日	八白未	四緑寅	九紫酉	六白卯	二黒戌	八白辰
30日	七赤申	三碧卯	八白戌	五黄辰	一白亥	七赤巳
31日	六白酉	二黒辰		四緑巳		六白午

※太線の区切りは「月」の節がわりを示し、線の上側までは前月の中宮星となります。なお、日にちはそのままの九星です。

令和4年（西暦2022年）五黄土星・寅

月／日	1月	2月	3月	4月	5月	6月
	三碧丑	二黒寅	一白卯	九紫辰	八白巳	七赤午
1日	一白寅	四緑酉	五黄丑	九紫申	三碧寅	七赤酉
2日	九紫卯	五黄戌	六白寅	一白酉	四緑卯	八白戌
3日	八白辰	六白亥	七赤卯	二黒戌	五黄辰	九紫亥
4日	七赤巳	七赤子	八白辰	三碧亥	六白巳	一白子
5日	六白午	八白丑	九紫巳	四緑子	七赤午	二黒丑
6日	五黄未	九紫寅	一白午	五黄丑	八白未	三碧寅
7日	四緑申	一白卯	二黒未	六白寅	九紫申	四緑卯
8日	三碧酉	二黒辰	三碧申	七赤卯	一白酉	五黄辰
9日	二黒戌	三碧巳	四緑酉	八白辰	二黒戌	六白巳
10日	一白亥	四緑午	五黄戌	九紫巳	三碧亥	七赤午
11日	一白子	五黄未	六白亥	一白午	四緑子	八白未
12日	二黒丑	六白申	七赤子	二黒未	五黄丑	九紫申
13日	三碧寅	七赤酉	八白丑	三碧申	六白寅	一白酉
14日	四緑卯	八白戌	九紫寅	四緑酉	七赤卯	二黒戌
15日	五黄辰	九紫亥	一白卯	五黄戌	八白辰	三碧亥
16日	六白巳	一白子	二黒辰	六白亥	九紫巳	四緑子
17日	七赤午	二黒丑	三碧巳	七赤子	一白午	五黄丑
18日	八白未	三碧寅	四緑午	八白丑	二黒未	六白寅
19日	九紫申	四緑卯	五黄未	九紫寅	三碧申	七赤卯
20日	一白酉	五黄辰	六白申	一白卯	四緑酉	八白辰
21日	二黒戌	六白巳	七赤酉	二黒辰	五黄戌	九紫巳
22日	三碧亥	七赤午	八白戌	三碧巳	六白亥	一白午
23日	四緑子	八白未	九紫亥	四緑午	七赤子	二黒未
24日	五黄丑	九紫申	一白子	五黄未	八白丑	三碧申
25日	六白寅	一白酉	二黒丑	六白申	九紫寅	四緑酉
26日	七赤卯	二黒戌	三碧寅	七赤酉	一白卯	五黄戌
27日	八白辰	三碧亥	四緑卯	八白戌	二黒辰	六白亥
28日	九紫巳	四緑子	五黄辰	九紫亥	三碧巳	七赤子
29日	一白午		六白巳	一白子	四緑午	八白丑
30日	二黒未		七赤午	二黒丑	五黄未	九紫寅
31日	三碧申		八白未		六白申	

九星循環表（暦）

日＼月	7月	8月	9月	10月	11月	12月
	三碧未	二黒申	一白酉	九紫戌	八白亥	七赤子
1日	六白申	九紫卯	五黄戌	二黒辰	七赤亥	四緑巳
2日	七赤酉	八白辰	四緑亥	一白巳	六白子	三碧午
3日	八白戌	七赤巳	三碧子	九紫午	五黄丑	二黒未
4日	九紫亥	六白午	二黒丑	八白未	四緑寅	一白申
5日	九紫子	五黄未	一白寅	七赤申	三碧卯	九紫酉
6日	八白丑	四緑申	九紫卯	六白酉	二黒辰	八白戌
7日	七赤寅	三碧酉	八白辰	五黄戌	一白巳	七赤亥
8日	六白卯	二黒戌	七赤巳	四緑亥	九紫午	六白子
9日	五黄辰	一白亥	六白午	三碧子	八白未	五黄丑
10日	四緑巳	九紫子	五黄未	二黒丑	七赤申	四緑寅
11日	三碧午	八白丑	四緑申	一白寅	六白酉	三碧卯
12日	二黒未	七赤寅	三碧酉	九紫卯	五黄戌	二黒辰
13日	一白申	六白卯	二黒戌	八白辰	四緑亥	一白巳
14日	九紫酉	五黄辰	一白亥	七赤巳	三碧子	九紫午
15日	八白戌	四緑巳	九紫子	六白午	二黒丑	八白未
16日	七赤亥	三碧午	八白丑	五黄未	一白寅	七赤申
17日	六白子	二黒未	七赤寅	四緑申	九紫卯	六白酉
18日	五黄丑	一白申	六白卯	三碧酉	八白辰	五黄戌
19日	四緑寅	九紫酉	五黄辰	二黒戌	七赤巳	四緑亥
20日	三碧卯	八白戌	四緑巳	一白亥	六白午	三碧子
21日	二黒辰	七赤亥	三碧午	九紫子	五黄未	二黒丑
22日	一白巳	六白子	二黒未	八白丑	四緑申	一白寅
23日	九紫午	五黄丑	一白申	七赤寅	三碧酉	九紫卯
24日	八白未	四緑寅	九紫酉	六白卯	二黒戌	八白辰
25日	七赤申	三碧卯	八白戌	五黄辰	一白亥	七赤巳
26日	六白酉	二黒辰	七赤亥	四緑巳	九紫子	六白午
27日	五黄戌	一白巳	六白子	三碧午	八白丑	五黄未
28日	四緑亥	九紫午	五黄丑	二黒未	七赤寅	四緑申
29日	三碧子	八白未	四緑寅	一白申	六白卯	三碧酉
30日	二黒丑	七赤申	三碧卯	九紫酉	五黄辰	二黒戌
31日	一白寅	六白酉		八白戌		一白亥

※太線の区切りは「月」の節がわりを示し、線の上側までは前月の中宮星となります。なお、日にちはそのままの九星です。

令和5年(西暦2023年)四緑木星・卯

月 日	1月 九紫丑	2月 八白寅	3月 七赤卯	4月 六白辰	5月 五黄巳	6月 四緑午
1日	五黄未	九紫寅	一白午	五黄丑	八白未	三碧寅
2日	四緑申	一白卯	二黒未	六白寅	九紫申	四緑卯
3日	三碧酉	二黒辰	三碧申	七赤卯	一白酉	五黄辰
4日	二黒戌	三碧巳	四緑酉	八白辰	二黒戌	六白巳
5日	一白亥	四緑午	五黄戌	九紫巳	三碧亥	七赤午
6日	一白子	五黄未	六白亥	一白午	四緑子	八白未
7日	二黒丑	六白申	七赤子	二黒未	五黄丑	九紫申
8日	三碧寅	七赤酉	八白丑	三碧申	六白寅	一白酉
9日	四緑卯	八白戌	九紫寅	四緑酉	七赤卯	二黒戌
10日	五黄辰	九紫亥	一白卯	五黄戌	八白辰	三碧亥
11日	六白巳	一白子	二黒辰	六白亥	九紫巳	四緑子
12日	七赤午	二黒丑	三碧巳	七赤子	一白午	五黄丑
13日	八白未	三碧寅	四緑午	八白丑	二黒未	六白寅
14日	九紫申	四緑卯	五黄未	九紫寅	三碧申	七赤卯
15日	一白酉	五黄辰	六白申	一白卯	四緑酉	八白辰
16日	二黒戌	六白巳	七赤酉	二黒辰	五黄戌	九紫巳
17日	三碧亥	七赤午	八白戌	三碧巳	六白亥	一白午
18日	四緑子	八白未	九紫亥	四緑午	七赤子	二黒未
19日	五黄丑	九紫申	一白子	五黄未	八白丑	三碧申
20日	六白寅	一白酉	二黒丑	六白申	九紫寅	四緑酉
21日	七赤卯	二黒戌	三碧寅	七赤酉	一白卯	五黄戌
22日	八白辰	三碧亥	四緑卯	八白戌	二黒辰	六白亥
23日	九紫巳	四緑子	五黄辰	九紫亥	三碧巳	七赤子
24日	一白午	五黄丑	六白巳	一白子	四緑午	八白丑
25日	二黒未	六白寅	七赤午	二黒丑	五黄未	九紫寅
26日	三碧申	七赤卯	八白未	三碧寅	六白申	一白卯
27日	四緑酉	八白辰	九紫申	四緑卯	七赤酉	二黒辰
28日	五黄戌	九紫巳	一白酉	五黄辰	八白戌	三碧巳
29日	六白亥		二黒戌	六白巳	九紫亥	四緑午
30日	七赤子		三碧亥	七赤午	一白子	五黄未
31日	八白丑		四緑子		二黒丑	

九星循環表（暦）

月／日	7月	8月	9月	10月	11月	12月
	九紫未	八白申	七赤酉	六白戌	五黄亥	四緑子
1日	七赤寅	三碧酉	八白辰	五黄戌	一白巳	七赤亥
2日	六白卯	二黒戌	七赤巳	四緑亥	九紫午	六白子
3日	五黄辰	一白亥	六白午	三碧子	八白未	五黄丑
4日	四緑巳	九紫子	五黄未	二黒丑	七赤申	四緑寅
5日	三碧午	八白丑	四緑申	一白寅	六白酉	三碧卯
6日	二黒未	七赤寅	三碧酉	九紫卯	五黄戌	二黒辰
7日	一白申	六白卯	二黒戌	八白辰	四緑亥	一白巳
8日	九紫酉	五黄辰	一白亥	七赤巳	三碧子	九紫午
9日	八白戌	四緑巳	九紫子	六白午	二黒丑	八白未
10日	七赤亥	三碧午	八白丑	五黄未	一白寅	七赤申
11日	六白子	二黒未	七赤寅	四緑申	九紫卯	六白酉
12日	五黄丑	一白申	六白卯	三碧酉	八白辰	五黄戌
13日	四緑寅	九紫酉	五黄辰	二黒戌	七赤巳	四緑亥
14日	三碧卯	八白戌	四緑巳	一白亥	六白午	三碧子
15日	二黒辰	七赤亥	三碧午	九紫子	五黄未	二黒丑
16日	一白巳	六白子	二黒未	八白丑	四緑申	一白寅
17日	九紫午	五黄丑	一白申	七赤寅	三碧酉	九紫卯
18日	八白未	四緑寅	九紫酉	六白卯	二黒戌	八白辰
19日	七赤申	三碧卯	八白戌	五黄辰	一白亥	七赤巳
20日	六白酉	二黒辰	七赤亥	四緑巳	九紫子	六白午
21日	五黄戌	一白巳	六白子	三碧午	八白丑	五黄未
22日	四緑亥	九紫午	五黄丑	二黒未	七赤寅	四緑申
23日	三碧子	八白未	四緑寅	一白申	六白卯	三碧酉
24日	二黒丑	七赤申	三碧卯	九紫酉	五黄辰	二黒戌
25日	一白寅	六白酉	二黒辰	八白戌	四緑巳	一白亥
26日	九紫卯	五黄戌	一白巳	七赤亥	三碧午	一白子
27日	八白辰	四緑亥	九紫午	六白子	二黒未	二黒丑
28日	七赤巳	三碧子	八白未	五黄丑	一白申	三碧寅
29日	六白午	二黒丑	七赤申	四緑寅	九紫酉	四緑卯
30日	五黄未	一白寅	六白酉	三碧卯	八白戌	五黄辰
31日	四緑申	九紫卯		二黒辰		六白巳

※太線の区切りは「月」の節がわりを示し、線の上側までは前月の中宮星となります。なお、日にちはそのままの九星です。

令和６年（西暦2024年）三碧木星・辰

日＼月	1月	2月	3月	4月	5月	6月
	六白丑	五黄寅	四緑卯	三碧辰	二黒巳	一白午
1日	一白子	五黄未	七赤子	二黒未	五黄丑	九紫申
2日	二黒丑	六白申	八白丑	三碧申	六白寅	一白酉
3日	三碧寅	七赤酉	九紫寅	四緑酉	七赤卯	二黒戌
4日	四緑卯	八白戌	一白卯	五黄戌	八白辰	三碧亥
5日	五黄辰	九紫亥	二黒辰	六白亥	九紫巳	四緑子
6日	六白巳	一白子	三碧巳	七赤子	一白午	五黄丑
7日	七赤午	二黒丑	四緑午	八白丑	二黒未	六白寅
8日	八白未	三碧寅	五黄未	九紫寅	三碧申	七赤卯
9日	九紫申	四緑卯	六白申	一白卯	四緑酉	八白辰
10日	一白酉	五黄辰	七赤酉	二黒辰	五黄戌	九紫巳
11日	二黒戌	六白巳	八白戌	三碧巳	六白亥	一白午
12日	三碧亥	七赤午	九紫亥	四緑午	七赤子	二黒未
13日	四緑子	八白未	一白子	五黄未	八白丑	三碧申
14日	五黄丑	九紫申	二黒丑	六白申	九紫寅	四緑酉
15日	六白寅	一白酉	三碧寅	七赤酉	一白卯	五黄戌
16日	七赤卯	二黒戌	四緑卯	八白戌	二黒辰	六白亥
17日	八白辰	三碧亥	五黄辰	九紫亥	三碧巳	七赤子
18日	九紫巳	四緑子	六白巳	一白子	四緑午	八白丑
19日	一白午	五黄丑	七赤午	二黒丑	五黄未	九紫寅
20日	二黒未	六白寅	八白未	三碧寅	六白申	一白卯
21日	三碧申	七赤卯	九紫申	四緑卯	七赤酉	二黒辰
22日	四緑酉	八白辰	一白酉	五黄辰	八白戌	三碧巳
23日	五黄戌	九紫巳	二黒戌	六白巳	九紫亥	四緑午
24日	六白亥	一白午	三碧亥	七赤午	一白子	五黄未
25日	七赤子	二黒未	四緑子	八白未	二黒丑	六白申
26日	八白丑	三碧申	五黄丑	九紫申	三碧寅	七赤酉
27日	九紫寅	四緑酉	六白寅	一白酉	四緑卯	八白戌
28日	一白卯	五黄戌	七赤卯	二黒戌	五黄辰	九紫亥
29日	二黒辰	六白亥	八白辰	三碧亥	六白巳	九紫子
30日	三碧巳		九紫巳	四緑子	七赤午	八白丑
31日	四緑午		一白午		八白未	

九星循環表(暦)

月／日	7月	8月	9月	10月	11月	12月
	六白未	五黄申	四緑酉	三碧戌	二黒亥	一白子
1日	二黒未	七赤寅	三碧酉	九紫卯	五黄戌	二黒辰
2日	一白申	六白卯	二黒戌	八白辰	四緑亥	一白巳
3日	九紫酉	五黄辰	一白亥	七赤巳	三碧子	九紫午
4日	八白戌	四緑巳	九紫子	六白午	二黒丑	八白未
5日	七赤亥	三碧午	八白丑	五黄未	一白寅	七赤申
6日	六白子	二黒未	七赤寅	四緑申	九紫卯	六白酉
7日	五黄丑	一白申	六白卯	三碧酉	八白辰	五黄戌
8日	四緑寅	九紫酉	五黄辰	二黒戌	七赤巳	四緑亥
9日	三碧卯	八白戌	四緑巳	一白亥	六白午	三碧子
10日	二黒辰	七赤亥	三碧午	九紫子	五黄未	二黒丑
11日	一白巳	六白子	二黒未	八白丑	四緑申	一白寅
12日	九紫午	五黄丑	一白申	七赤寅	三碧酉	九紫卯
13日	八白未	四緑寅	九紫酉	六白卯	二黒戌	八白辰
14日	七赤申	三碧卯	八白戌	五黄辰	一白亥	七赤巳
15日	六白酉	二黒辰	七赤亥	四緑巳	九紫子	六白午
16日	五黄戌	一白巳	六白子	三碧午	八白丑	五黄未
17日	四緑亥	九紫午	五黄丑	二黒未	七赤寅	四緑申
18日	三碧子	八白未	四緑寅	一白申	六白卯	三碧酉
19日	二黒丑	七赤申	三碧卯	九紫酉	五黄辰	二黒戌
20日	一白寅	六白酉	二黒辰	八白戌	四緑巳	一白亥
21日	九紫卯	五黄戌	一白巳	七赤亥	三碧午	一白子
22日	八白辰	四緑亥	九紫午	六白子	二黒未	二黒丑
23日	七赤巳	三碧子	八白未	五黄丑	一白申	三碧寅
24日	六白午	二黒丑	七赤申	四緑寅	九紫酉	四緑卯
25日	五黄未	一白寅	六白酉	三碧卯	八白戌	五黄辰
26日	四緑申	九紫卯	五黄戌	二黒辰	七赤亥	六白巳
27日	三碧酉	八白辰	四緑亥	一白巳	六白子	七赤午
28日	二黒戌	七赤巳	三碧子	九紫午	五黄丑	八白未
29日	一白亥	六白午	二黒丑	八白未	四緑寅	九紫申
30日	九紫子	五黄未	一白寅	七赤申	三碧卯	一白酉
31日	八白丑	四緑申		六白酉		二黒戌

※太線の区切りは「月」の節がわりを示し、線の上側までは前月の中宮星となります。なお、日にちはそのままの九星です。

令和7年（西暦2025年）二黒土星・巳

月／日	1月	2月	3月	4月	5月	6月
	三碧丑	二黒寅	一白卯	九紫辰	八白巳	七赤午
1日	七赤午	二黒丑	三碧巳	七赤子	一白午	五黄丑
2日	八白未	三碧寅	四緑午	八白丑	二黒未	六白寅
3日	九紫申	四緑卯	五黄未	九紫寅	三碧申	七赤卯
4日	一白酉	五黄辰	六白申	一白卯	四緑酉	八白辰
5日	二黒戌	六白巳	七赤酉	二黒辰	五黄戌	九紫巳
6日	三碧亥	七赤午	八白戌	三碧巳	六白亥	一白午
7日	四緑子	八白未	九紫亥	四緑午	七赤子	二黒未
8日	五黄丑	九紫申	一白子	五黄未	八白丑	三碧申
9日	六白寅	一白酉	二黒丑	六白申	九紫寅	四緑酉
10日	七赤卯	二黒戌	三碧寅	七赤酉	一白卯	五黄戌
11日	八白辰	三碧亥	四緑卯	八白戌	二黒辰	六白亥
12日	九紫巳	四緑子	五黄辰	九紫亥	三碧巳	七赤子
13日	一白午	五黄丑	六白巳	一白子	四緑午	八白丑
14日	二黒未	六白寅	七赤午	二黒丑	五黄未	九紫寅
15日	三碧申	七赤卯	八白未	三碧寅	六白申	一白卯
16日	四緑酉	八白辰	九紫申	四緑卯	七赤酉	二黒辰
17日	五黄戌	九紫巳	一白酉	五黄辰	八白戌	三碧巳
18日	六白亥	一白午	二黒戌	六白巳	九紫亥	四緑午
19日	七赤子	二黒未	三碧亥	七赤午	一白子	五黄未
20日	八白丑	三碧申	四緑子	八白未	二黒丑	六白申
21日	九紫寅	四緑酉	五黄丑	九紫申	三碧寅	七赤酉
22日	一白卯	五黄戌	六白寅	一白酉	四緑卯	八白戌
23日	二黒辰	六白亥	七赤卯	二黒戌	五黄辰	九紫亥
24日	三碧巳	七赤子	八白辰	三碧亥	六白巳	九紫子
25日	四緑午	八白丑	九紫巳	四緑子	七赤午	八白丑
26日	五黄未	九紫寅	一白午	五黄丑	八白未	七赤寅
27日	六白申	一白卯	二黒未	六白寅	九紫申	六白卯
28日	七赤酉	二黒辰	三碧申	七赤卯	一白酉	五黄辰
29日	八白戌		四緑酉	八白辰	二黒戌	四緑巳
30日	九紫亥		五黄戌	九紫巳	三碧亥	三碧午
31日	一白子		六白亥		四緑子	

九星循環表(暦)

月／日	7月	8月	9月	10月	11月	12月
	三碧未	二黒申	一白酉	九紫戌	八白亥	七赤子
1日	六白子	二黒未	七赤寅	四緑申	九紫卯	六白酉
2日	五黄丑	一白申	六白卯	三碧酉	八白辰	五黄戌
3日	四緑寅	九紫酉	五黄辰	二黒戌	七赤巳	四緑亥
4日	三碧卯	八白戌	四緑巳	一白亥	六白午	三碧子
5日	二黒辰	七赤亥	三碧午	九紫子	五黄未	二黒丑
6日	一白巳	六白子	二黒未	八白丑	四緑申	一白寅
7日	九紫午	五黄丑	一白申	七赤寅	三碧酉	九紫卯
8日	八白未	四緑寅	九紫酉	六白卯	二黒戌	八白辰
9日	七赤申	三碧卯	八白戌	五黄辰	一白亥	七赤巳
10日	六白酉	二黒辰	七赤亥	四緑巳	九紫子	六白午
11日	五黄戌	一白巳	六白子	三碧午	八白丑	五黄未
12日	四緑亥	九紫午	五黄丑	二黒未	七赤寅	四緑申
13日	三碧子	八白未	四緑寅	一白申	六白卯	三碧酉
14日	二黒丑	七赤申	三碧卯	九紫酉	五黄辰	二黒戌
15日	一白寅	六白酉	二黒辰	八白戌	四緑巳	一白亥
16日	九紫卯	五黄戌	一白巳	七赤亥	三碧午	一白子
17日	八白辰	四緑亥	九紫午	六白子	二黒未	二黒丑
18日	七赤巳	三碧子	八白未	五黄丑	一白申	三碧寅
19日	六白午	二黒丑	七赤申	四緑寅	九紫酉	四緑卯
20日	五黄未	一白寅	六白酉	三碧卯	八白戌	五黄辰
21日	四緑申	九紫卯	五黄戌	二黒辰	七赤亥	六白巳
22日	三碧酉	八白辰	四緑亥	一白巳	六白子	七赤午
23日	二黒戌	七赤巳	三碧子	九紫午	五黄丑	八白未
24日	一白亥	六白午	二黒丑	八白未	四緑寅	九紫申
25日	九紫子	五黄未	一白寅	七赤申	三碧卯	一白酉
26日	八白丑	四緑申	九紫卯	六白酉	二黒辰	二黒戌
27日	七赤寅	三碧酉	八白辰	五黄戌	一白巳	三碧亥
28日	六白卯	二黒戌	七赤巳	四緑亥	九紫午	四緑子
29日	五黄辰	一白亥	六白午	三碧子	八白未	五黄丑
30日	四緑巳	九紫子	五黄未	二黒丑	七赤申	六白寅
31日	三碧午	八白丑		一白寅		七赤卯

※太線の区切りは「月」の節がわりを示し、線の上側までは前月の中宮星となります。なお、日にちはそのままの九星です。

令和8年（西暦2026年）一白水星・午

月／日	1月	2月	3月	4月	5月	6月
	九紫丑	八白寅	七赤卯	六白辰	五黄巳	四緑午
1日	三碧亥	七赤午	八白戌	三碧巳	六白亥	一白午
2日	四緑子	八白未	九紫亥	四緑午	七赤子	二黒未
3日	五黄丑	九紫申	一白子	五黄未	八白丑	三碧申
4日	六白寅	一白酉	二黒丑	六白申	九紫寅	四緑酉
5日	七赤卯	二黒戌	三碧寅	七赤酉	一白卯	五黄戌
6日	八白辰	三碧亥	四緑卯	八白戌	二黒辰	六白亥
7日	九紫巳	四緑子	五黄辰	九紫亥	三碧巳	七赤子
8日	一白午	五黄丑	六白巳	一白子	四緑午	八白丑
9日	二黒未	六白寅	七赤午	二黒丑	五黄未	九紫寅
10日	三碧申	七赤卯	八白未	三碧寅	六白申	一白卯
11日	四緑酉	八白辰	九紫申	四緑卯	七赤酉	二黒辰
12日	五黄戌	九紫巳	一白酉	五黄辰	八白戌	三碧巳
13日	六白亥	一白午	二黒戌	六白巳	九紫亥	四緑午
14日	七赤子	二黒未	三碧亥	七赤午	一白子	五黄未
15日	八白丑	三碧申	四緑子	八白未	二黒丑	六白申
16日	九紫寅	四緑酉	五黄丑	九紫申	三碧寅	七赤酉
17日	一白卯	五黄戌	六白寅	一白酉	四緑卯	八白戌
18日	二黒辰	六白亥	七赤卯	二黒戌	五黄辰	九紫亥
19日	三碧巳	七赤子	八白辰	三碧亥	六白巳	九紫子
20日	四緑午	八白丑	九紫巳	四緑子	七赤午	八白丑
21日	五黄未	九紫寅	一白午	五黄丑	八白未	七赤寅
22日	六白申	一白卯	二黒未	六白寅	九紫申	六白卯
23日	七赤酉	二黒辰	三碧申	七赤卯	一白酉	五黄辰
24日	八白戌	三碧巳	四緑酉	八白辰	二黒戌	四緑巳
25日	九紫亥	四緑午	五黄戌	九紫巳	三碧亥	三碧午
26日	一白子	五黄未	六白亥	一白午	四緑子	二黒未
27日	二黒丑	六白申	七赤子	二黒未	五黄丑	一白申
28日	三碧寅	七赤酉	八白丑	三碧申	六白寅	九紫酉
29日	四緑卯		九紫寅	四緑酉	七赤卯	八白戌
30日	五黄辰		一白卯	五黄戌	八白辰	七赤亥
31日	六白巳		二黒辰		九紫巳	

九星循環表（暦）

月／日	7月	8月	9月	10月	11月	12月
	九紫未	八白申	七赤酉	六白戌	五黄亥	四緑子
1日	一白巳	六白子	二黒未	八白丑	四緑申	一白寅
2日	九紫午	五黄丑	一白申	七赤寅	三碧酉	九紫卯
3日	八白未	四緑寅	九紫酉	六白卯	二黒戌	八白辰
4日	七赤申	三碧卯	八白戌	五黄辰	一白亥	七赤巳
5日	六白酉	二黒辰	七赤亥	四緑巳	九紫子	六白午
6日	五黄戌	一白巳	六白子	三碧午	八白丑	五黄未
7日	四緑亥	九紫午	五黄丑	二黒未	七赤寅	四緑申
8日	三碧子	八白未	四緑寅	一白申	六白卯	三碧酉
9日	二黒丑	七赤申	三碧卯	九紫酉	五黄辰	二黒戌
10日	一白寅	六白酉	二黒辰	八白戌	四緑巳	一白亥
11日	九紫卯	五黄戌	一白巳	七赤亥	三碧午	一白子
12日	八白辰	四緑亥	九紫午	六白子	二黒未	二黒丑
13日	七赤巳	三碧子	八白未	五黄丑	一白申	三碧寅
14日	六白午	二黒丑	七赤申	四緑寅	九紫酉	四緑卯
15日	五黄未	一白寅	六白酉	三碧卯	八白戌	五黄辰
16日	四緑申	九紫卯	五黄戌	二黒辰	七赤亥	六白巳
17日	三碧酉	八白辰	四緑亥	一白巳	六白子	七赤午
18日	二黒戌	七赤巳	三碧子	九紫午	五黄丑	八白未
19日	一白亥	六白午	二黒丑	八白未	四緑寅	九紫申
20日	九紫子	五黄未	一白寅	七赤申	三碧卯	一白酉
21日	八白丑	四緑申	九紫卯	六白酉	二黒辰	二黒戌
22日	七赤寅	三碧酉	八白辰	五黄戌	一白巳	三碧亥
23日	六白卯	二黒戌	七赤巳	四緑亥	九紫午	四緑子
24日	五黄辰	一白亥	六白午	三碧子	八白未	五黄丑
25日	四緑巳	九紫子	五黄未	二黒丑	七赤申	六白寅
26日	三碧午	八白丑	四緑申	一白寅	六白酉	七赤卯
27日	二黒未	七赤寅	三碧酉	九紫卯	五黄戌	八白辰
28日	一白申	六白卯	二黒戌	八白辰	四緑亥	九紫巳
29日	九紫酉	五黄辰	一白亥	七赤巳	三碧子	一白午
30日	八白戌	四緑巳	九紫子	六白午	二黒丑	二黒未
31日	七赤亥	三碧午		五黄未		三碧申

※太線の区切りは「月」の節がわりを示し、線の上側までは前月の中宮星となります。なお、日にちはそのままの九星です。

令和9年（西暦2027年）九紫火星・未

月 日	1月 六白丑	2月 五黄寅	3月 四緑卯	4月 三碧辰	5月 二黒巳	6月 一白午
1日	八白辰	三碧亥	四緑卯	八白戌	二黒辰	六白亥
2日	九紫巳	四緑子	五黄辰	九紫亥	三碧巳	七赤子
3日	一白午	五黄丑	六白巳	一白子	四緑午	八白丑
4日	二黒未	六白寅	七赤午	二黒丑	五黄未	九紫寅
5日	三碧申	七赤卯	八白未	三碧寅	六白申	一白卯
6日	四緑酉	八白辰	九紫申	四緑卯	七赤酉	二黒辰
7日	五黄戌	九紫巳	一白酉	五黄辰	八白戌	三碧巳
8日	六白亥	一白午	二黒戌	六白巳	九紫亥	四緑午
9日	七赤子	二黒未	三碧亥	七赤午	一白子	五黄未
10日	八白丑	三碧申	四緑子	八白未	二黒丑	六白申
11日	九紫寅	四緑酉	五黄丑	九紫申	三碧寅	七赤酉
12日	一白卯	五黄戌	六白寅	一白酉	四緑卯	八白戌
13日	二黒辰	六白亥	七赤卯	二黒戌	五黄辰	九紫亥
14日	三碧巳	七赤子	八白辰	三碧亥	六白巳	九紫子
15日	四緑午	八白丑	九紫巳	四緑子	七赤午	八白丑
16日	五黄未	九紫寅	一白午	五黄丑	八白未	七赤寅
17日	六白申	一白卯	二黒未	六白寅	九紫申	六白卯
18日	七赤酉	二黒辰	三碧申	七赤卯	一白酉	五黄辰
19日	八白戌	三碧巳	四緑酉	八白辰	二黒戌	四緑巳
20日	九紫亥	四緑午	五黄戌	九紫巳	三碧亥	三碧午
21日	一白子	五黄未	六白亥	一白午	四緑子	二黒未
22日	二黒丑	六白申	七赤子	二黒未	五黄丑	一白申
23日	三碧寅	七赤酉	八白丑	三碧申	六白寅	九紫酉
24日	四緑卯	八白戌	九紫寅	四緑酉	七赤卯	八白戌
25日	五黄辰	九紫亥	一白卯	五黄戌	八白辰	七赤亥
26日	六白巳	一白子	二黒辰	六白亥	九紫巳	六白子
27日	七赤午	二黒丑	三碧巳	七赤子	一白午	五黄丑
28日	八白未	三碧寅	四緑午	八白丑	二黒未	四緑寅
29日	九紫申		五黄未	九紫寅	三碧申	三碧卯
30日	一白酉		六白申	一白卯	四緑酉	二黒辰
31日	二黒戌		七赤酉		五黄戌	

九星循環表（暦）

月／日	7月	8月	9月	10月	11月	12月
	六白未	五黄申	四緑酉	三碧戌	二黒亥	一白子
1日	四緑亥	九紫午	五黄丑	二黒未	七赤寅	四緑申
2日	三碧子	八白未	四緑寅	一白申	六白卯	三碧酉
3日	二黒丑	七赤申	三碧卯	九紫酉	五黄辰	二黒戌
4日	一白寅	六白酉	二黒辰	八白戌	四緑巳	一白亥
5日	九紫卯	五黄戌	一白巳	七赤亥	三碧午	一白子
6日	八白辰	四緑亥	九紫午	六白子	二黒未	二黒丑
7日	七赤巳	三碧子	八白未	五黄丑	一白申	三碧寅
8日	六白午	二黒丑	七赤申	四緑寅	九紫酉	四緑卯
9日	五黄未	一白寅	六白酉	三碧卯	八白戌	五黄辰
10日	四緑申	九紫卯	五黄戌	二黒辰	七赤亥	六白巳
11日	三碧酉	八白辰	四緑亥	一白巳	六白子	七赤午
12日	二黒戌	七赤巳	三碧子	九紫午	五黄丑	八白未
13日	一白亥	六白午	二黒丑	八白未	四緑寅	九紫申
14日	九紫子	五黄未	一白寅	七赤申	三碧卯	一白酉
15日	八白丑	四緑申	九紫卯	六白酉	二黒辰	二黒戌
16日	七赤寅	三碧酉	八白辰	五黄戌	一白巳	三碧亥
17日	六白卯	二黒戌	七赤巳	四緑亥	九紫午	四緑子
18日	五黄辰	一白亥	六白午	三碧子	八白未	五黄丑
19日	四緑巳	九紫子	五黄未	二黒丑	七赤申	六白寅
20日	三碧午	八白丑	四緑申	一白寅	六白酉	七赤卯
21日	二黒未	七赤寅	三碧酉	九紫卯	五黄戌	八白辰
22日	一白申	六白卯	二黒戌	八白辰	四緑亥	九紫巳
23日	九紫酉	五黄辰	一白亥	七赤巳	三碧子	一白午
24日	八白戌	四緑巳	九紫子	六白午	二黒丑	二黒未
25日	七赤亥	三碧午	八白丑	五黄未	一白寅	三碧申
26日	六白子	二黒未	七赤寅	四緑申	九紫卯	四緑酉
27日	五黄丑	一白申	六白卯	三碧酉	八白辰	五黄戌
28日	四緑寅	九紫酉	五黄辰	二黒戌	七赤巳	六白亥
29日	三碧卯	八白戌	四緑巳	一白亥	六白午	七赤子
30日	二黒辰	七赤亥	三碧午	九紫子	五黄未	八白丑
31日	一白巳	六白子		八白丑		九紫寅

※太線の区切りは「月」の節がわりを示し、線の上側までは前月の中宮星となります。なお、日にちはそのままの九星です。

令和10年（西暦2028年）八白土星・申

日＼月	1月	2月	3月	4月	5月	6月
	三碧丑	二黒寅	一白卯	九紫辰	八白巳	七赤午
1日	四緑酉	八白辰	一白酉	五黄辰	八白戌	三碧巳
2日	五黄戌	九紫巳	二黒戌	六白巳	九紫亥	四緑午
3日	六白亥	一白午	三碧亥	七赤午	一白子	五黄未
4日	七赤子	二黒未	四緑子	八白未	二黒丑	六白申
5日	八白丑	三碧申	五黄丑	九紫申	三碧寅	七赤酉
6日	九紫寅	四緑酉	六白寅	一白酉	四緑卯	八白戌
7日	一白卯	五黄戌	七赤卯	二黒戌	五黄辰	九紫亥
8日	二黒辰	六白亥	八白辰	三碧亥	六白巳	九紫子
9日	三碧巳	七赤子	九紫巳	四緑子	七赤午	八白丑
10日	四緑午	八白丑	一白午	五黄丑	八白未	七赤寅
11日	五黄未	九紫寅	二黒未	六白寅	九紫申	六白卯
12日	六白申	一白卯	三碧申	七赤卯	一白酉	五黄辰
13日	七赤酉	二黒辰	四緑酉	八白辰	二黒戌	四緑巳
14日	八白戌	三碧巳	五黄戌	九紫巳	三碧亥	三碧午
15日	九紫亥	四緑午	六白亥	一白午	四緑子	二黒未
16日	一白子	五黄未	七赤子	二黒未	五黄丑	一白申
17日	二黒丑	六白申	八白丑	三碧申	六白寅	九紫酉
18日	三碧寅	七赤酉	九紫寅	四緑酉	七赤卯	八白戌
19日	四緑卯	八白戌	一白卯	五黄戌	八白辰	七赤亥
20日	五黄辰	九紫亥	二黒辰	六白亥	九紫巳	六白子
21日	六白巳	一白子	三碧巳	七赤子	一白午	五黄丑
22日	七赤午	二黒丑	四緑午	八白丑	二黒未	四緑寅
23日	八白未	三碧寅	五黄未	九紫寅	三碧申	三碧卯
24日	九紫申	四緑卯	六白申	一白卯	四緑酉	二黒辰
25日	一白酉	五黄辰	七赤酉	二黒辰	五黄戌	一白巳
26日	二黒戌	六白巳	八白戌	三碧巳	六白亥	九紫午
27日	三碧亥	七赤午	九紫亥	四緑午	七赤子	八白未
28日	四緑子	八白未	一白子	五黄未	八白丑	七赤申
29日	五黄丑	九紫申	二黒丑	六白申	九紫寅	六白酉
30日	六白寅		三碧寅	七赤酉	一白卯	五黄戌
31日	七赤卯		四緑卯		二黒辰	

九星循環表(暦)

月／日	7月	8月	9月	10月	11月	12月
	三碧未	二黒申	一白酉	九紫戌	八白亥	七赤子
1日	八白辰	四緑亥	九紫午	六白子	二黒未	二黒丑
2日	七赤巳	三碧子	八白未	五黄丑	一白申	三碧寅
3日	六白午	二黒丑	七赤申	四緑寅	九紫酉	四緑卯
4日	五黄未	一白寅	六白酉	三碧卯	八白戌	五黄辰
5日	四緑申	九紫卯	五黄戌	二黒辰	七赤亥	六白巳
6日	三碧酉	八白辰	四緑亥	一白巳	六白子	七赤午
7日	二黒戌	七赤巳	三碧子	九紫午	五黄丑	八白未
8日	一白亥	六白午	二黒丑	八白未	四緑寅	九紫申
9日	九紫子	五黄未	一白寅	七赤申	三碧卯	一白酉
10日	八白丑	四緑申	九紫卯	六白酉	二黒辰	二黒戌
11日	七赤寅	三碧酉	八白辰	五黄戌	一白巳	三碧亥
12日	六白卯	二黒戌	七赤巳	四緑亥	九紫午	四緑子
13日	五黄辰	一白亥	六白午	三碧子	八白未	五黄丑
14日	四緑巳	九紫子	五黄未	二黒丑	七赤申	六白寅
15日	三碧午	八白丑	四緑申	一白寅	六白酉	七赤卯
16日	二黒未	七赤寅	三碧酉	九紫卯	五黄戌	八白辰
17日	一白申	六白卯	二黒戌	八白辰	四緑亥	九紫巳
18日	九紫酉	五黄辰	一白亥	七赤巳	三碧子	一白午
19日	八白戌	四緑巳	九紫子	六白午	二黒丑	二黒未
20日	七赤亥	三碧午	八白丑	五黄未	一白寅	三碧申
21日	六白子	二黒未	七赤寅	四緑申	九紫卯	四緑酉
22日	五黄丑	一白申	六白卯	三碧酉	八白辰	五黄戌
23日	四緑寅	九紫酉	五黄辰	二黒戌	七赤巳	六白亥
24日	三碧卯	八白戌	四緑巳	一白亥	六白午	七赤子
25日	二黒辰	七赤亥	三碧午	九紫子	五黄未	八白丑
26日	一白巳	六白子	二黒未	八白丑	四緑申	九紫寅
27日	九紫午	五黄丑	一白申	七赤寅	三碧酉	一白卯
28日	八白未	四緑寅	九紫酉	六白卯	二黒戌	二黒辰
29日	七赤申	三碧卯	八白戌	五黄辰	一白亥	三碧巳
30日	六白酉	二黒辰	七赤亥	四緑巳	一白子	四緑午
31日	五黄戌	一白巳		三碧午		五黄未

※太線の区切りは「月」の節がわりを示し、線の上側までは前月の中宮星となります。なお、日にちはそのままの九星です。

令和11年（西暦2029年） 七赤金星・酉

日＼月	1月	2月	3月	4月	5月	6月
	九紫丑	八白寅	七赤卯	六白辰	五黄巳	四緑午
1日	一白卯	五黄戌	六白寅	一白酉	四緑卯	八白戌
2日	二黒辰	六白亥	七赤卯	二黒戌	五黄辰	九紫亥
3日	三碧巳	七赤子	八白辰	三碧亥	六白巳	九紫子
4日	四緑午	八白丑	九紫巳	四緑子	七赤午	八白丑
5日	五黄未	九紫寅	一白午	五黄丑	八白未	七赤寅
6日	六白申	一白卯	二黒未	六白寅	九紫申	六白卯
7日	七赤酉	二黒辰	三碧申	七赤卯	一白酉	五黄辰
8日	八白戌	三碧巳	四緑酉	八白辰	二黒戌	四緑巳
9日	九紫亥	四緑午	五黄戌	九紫巳	三碧亥	三碧午
10日	一白子	五黄未	六白亥	一白午	四緑子	二黒未
11日	二黒丑	六白申	七赤子	二黒未	五黄丑	一白申
12日	三碧寅	七赤酉	八白丑	三碧申	六白寅	九紫酉
13日	四緑卯	八白戌	九紫寅	四緑酉	七赤卯	八白戌
14日	五黄辰	九紫亥	一白卯	五黄戌	八白辰	七赤亥
15日	六白巳	一白子	二黒辰	六白亥	九紫巳	六白子
16日	七赤午	二黒丑	三碧巳	七赤子	一白午	五黄丑
17日	八白未	三碧寅	四緑午	八白丑	二黒未	四緑寅
18日	九紫申	四緑卯	五黄未	九紫寅	三碧申	三碧卯
19日	一白酉	五黄辰	六白申	一白卯	四緑酉	二黒辰
20日	二黒戌	六白巳	七赤酉	二黒辰	五黄戌	一白巳
21日	三碧亥	七赤午	八白戌	三碧巳	六白亥	九紫午
22日	四緑子	八白未	九紫亥	四緑午	七赤子	八白未
23日	五黄丑	九紫申	一白子	五黄未	八白丑	七赤申
24日	六白寅	一白酉	二黒丑	六白申	九紫寅	六白酉
25日	七赤卯	二黒戌	三碧寅	七赤酉	一白卯	五黄戌
26日	八白辰	三碧亥	四緑卯	八白戌	二黒辰	四緑亥
27日	九紫巳	四緑子	五黄辰	九紫亥	三碧巳	三碧子
28日	一白午	五黄丑	六白巳	一白子	四緑午	二黒丑
29日	二黒未		七赤午	二黒丑	五黄未	一白寅
30日	三碧申		八白未	三碧寅	六白申	九紫卯
31日	四緑酉		九紫申		七赤酉	

おわりに

その本筋を損なうことなく「楽しい気学」を提案したい、というわたしの思いは、本書でどこまで語り尽くせたでしょうか。これは、占いという太古から人々に伝承されてきたものに今日的な光を当ててみたい、というわたしの挑戦でもありました。

長いご縁をいただいている弘文出版の井上智由氏には、今回もまた大変お世話になりました。深く感謝いたします。

氏には本書の企画段階から適切なアドバイスを多々いただき、執筆中も試行錯誤をくり返し、そのつど、反古原稿も相当なかさとなりました。

今、こうして完成を間近に控え、後書きを書きながら、わたしはひとつの夢を見ています。百年後の世に、どこかで誰かがこの本を手にとって気学に親しみ、開運散歩を楽しんでくれているという——、そんな大望ともいえる夢。

しかし、本書には伝承されるものの強みが生きているはずです。占いは、今までも、そしてこれからも、いつでも人間の生活そのものと共に在りつづけるものなのですから。

令和三年八月吉日

著　者

野村徳子（のむらとくこ）
昭和26年、神奈川県横須賀市に生まれる。武蔵野女子大学（現・武蔵野大学）卒業。その後、出版編集業にたずさわるかたわら、方位・家相などの東洋運命学、心の世界の研究をつづける。著書に『よくわかる気学(東洋占星術)入門』、『開運気学』、『よい名前のつけ方』(以上当社刊)、『寺院参拝』、『はすの花　共時性と予兆の秘密』がある。

気学が導く開運パワースポット

2021年11月15日　第1刷発行

著　者――野村徳子
発行者――井上智由
発行所――弘文出版株式会社
〒 271-0092　千葉県松戸市松戸 1330-4-101
電話 047-366-1331
印刷所――株式会社暁印刷
製本所――ナショナル製本協同組合
組　版――山内達夫

ISBN978-4-87520-237-0　C2239

弘文出版公式ホームページ
www.koubun-shuppan.co.jp